鷹山政治の継承

前・米沢市長
安部三十郎

鷹山政治の継承　目次

はじめに

政治と政治家の劣化が著しい。昨年の二月、森友学園問題が浮上した。それがうやむやのうちに終息してしまうのかと思われていたところ、続いて加計学園問題が表に出てきた。どちらの疑惑も国会での野党追及に対して、首相・大臣・官僚は「知らぬ、存ぜぬ、記録がない」の一点張りだ。

やましいことがないのなら、記録文書を全て公開し、野党の求める証人喚問にも応じて、正々堂々と説明すべきであるのに、子どもが聞いても「ウソだ」とわかるような詭弁を弄して逃れようとする。逃れてしまえば時の経過によって国民は忘れ、何事も無かったように元に戻る、そういう思惑が透けて見える。南スーダン国連平和維持活動（PKO）における自衛隊の日報隠蔽問題も同様である。

そして、次から次へと明るみに出てきた政治家個人のスキャンダル。とどめは十月に行われた衆議院選挙。野党第一党は選挙直前に当選目当ての離合集散で空中分解。国民の多くが政治に不信と不満を抱いていているにも拘らず、結局、国会の与野党勢力図は変わらなかった。

政治家に「なりたいだけの人」が議員になっていないか。「しなければならないことのある人」がなるべきではないのか。もちろん、しなければならないことの中身が、みんなが望んでいることとはかけ離れた自分だけの思い入れによるものだったり、将来を見通す的確性に欠けたものであったりすれば、国民の幸せに繋がらないどころか、国民を不幸のどん底に突き落とす危険性すらある。国民を幸せな方向へ導くためには、政治家は深い教養が求められる。

選良という言葉があるが、選挙に出ようとする人が「なりたいだけの人」なのか、「しなければならないことのある人」なのかを見分ける力が有権者には必要だ。政治と政治家の劣化を許しているのは私たち国民なのだ。

加えて劣化の再生産が心配される。話し手、聞き手が共に「ウソだ」と分かっているような空虚な言葉のやり取りが当たり前になれば、子どもたちは「世の中は所詮こんなもの」とたかをくくって育つに違いない。その子どもたちがやがて、次の社会を築いてゆく。いま良識ある大人たちがなんらかの手を打たなければ、劣化の連鎖は火を見るよりも明らかだ。「あるべき政治・政治家の姿」を子どもたちに示してゆかなければならない。

いろいろな昔話に善いおじいさんと悪いおじいさんが対比的に登場するのは、悪いおじいさんのまねをすると身を滅ぼしてしまうことを、大人が囲炉裏の端で聞いている子どもたちに教えるためではなかったのか。今の政治の世界は悪いおじいさんやおばさんがあまりにも闊歩し過ぎている。善いおじいさんのモデルを子どもたちの前に掲げることが必要だ。

上杉鷹山という江戸時代の米沢藩主がいる。ケネディ大統領も尊敬していたことで知られる名君である。平成十九年、読売新聞が全国自治体の首長アンケートで理想のリーダーを尋ねたところ、二位の徳川家康、三位の坂本龍馬を大きく引き離して一位に選ばれた。

私は現在、市民ボランティアの歴史案内の会（おしょうしなガイド）に入っていて、鷹山の残した「伝国の辞」を刻む石碑も案内する。米沢城跡にある松岬神社（鷹山を祀る）の境内に建つその碑には「一、藩主は藩を私物化してはならない。二、藩主は人民を私物化してはならない。三、藩・人民のために藩主がいるのであって、藩主のために藩・人民があるのではない」という意味のことが記されている。権力者による政治の私物化を戒め、権力の座にある者の使命を諭しているのだ。

至極当たり前のことだが、説明を聞いた人たちは決まって「今の政治家に聞かせてやりたい」と言う。他のガイドも同じ反応だと口を揃える。

これらのことから、上杉鷹山は江戸時代の君主ではあっても、現代に通用する普遍性を持った指導者と言える。まさしく善いおじいさんモデルである。平成から新たな元号に変わろうとする今、あるべき政治・政治家のモデルとして、また出番が来たのではないかと思う。

そして、見習うべきモデルを掲げるだけでなく、心ある大人たち、とりわけ政治・行政に携わる人たちが、そのモデルに少しでも近付こうと子どもや若者たちの見ている前で努力することが大事だと思う。

冒頭で政治と政治家の劣化が著しいと述べたが、読売新聞アンケートに表れたように、上杉鷹山を手本として実直に、地道に政治と取り組んでいる首長・議員も多いはずである。

私は平成十五年から二十七年までの三期十二年間、鷹山の地元である米沢市の市長を務めさせていただいた。在職中、鷹山についての勉強と顕彰に努めながら、鷹山政治の継承に心掛けてきたつもりである。政治家としての力不足・拙さは否めないものの、鷹山の城下町の首長だった自分の足跡を振り返りながら、政治と政治家のあり方について考えてみたいと思う。

第一章　米沢愛

いきなり市長選へ

平成六年九月二十一日、四十一歳の誕生日に私は会社を辞めた。新たな道へ踏み出すのにわざと誕生日を狙ったわけではなく、仕事の都合上そうなっただけなのだが、振り返ってみると記念すべき日ではあった。

数日後、会社の有志が送別会を催してくれた。出席者はそんなに多くなかったが、社員全員と係わりを持つ総務課勤務だったこともあって、事務・開発・製造現場といろんな部署から親しかった人たちが出席してくれた。

乾杯の前に挨拶を求められて「来年秋の市長選挙に出るので、会社を辞めました」と述べたが、後日聞いた話では、その時みんなの頭の中は真っ白になったという。みんなは私が翌春の市会議員選挙に出るために、会社を辞めるのだとばかり思っていたのだ。無理もない、会社を辞める日に創業者たる社長と総務部長に本当のことを話しただけで、あとは誰にも話していなかったのだから。

衝撃を受けた出席者、そしてみんなの前で初めて宣言して気分の高揚した私。その夜の宴会はみんなへベレケになってしまった。お開きの締めに指名された直属の上司が「安部が市長になったら、俺が助役だ」と叫んでいた。

もともとは市会議員を目指していた。東京の大学を卒業すると地元に戻り、仕事の傍らさまざまな活動をしながら、市民の声を市政に反映させる、とりわけ「文化のまち」づくりをするという夢を持っていた。それが、ある出来事にショックを受けて「市会議員になってもダメだ、市長にならなければ」と考え、今にして思えば若気の至りというしかないのだが、市長選に出馬すべく会社を辞めたのだ。

では何があったのか。その前に右足にサラリーマンのわらじを履きながら、左足にはどんなわらじを履いていたのか、お話をしたい。そのことによって、市議選から市長選へと出馬の方向を百八十度転換させてしまった気持ちがご理解いただけるのではと思うからである。

高校野球応援指導

昭和五十年、大学三年生の夏。甲子園予選山形大会で母校の米沢興譲館高校がベスト8に進出した。私は置賜（おきたま）地方（米沢地方と同義）出身で首都圏の大学に通う学生のための寄宿舎「東京興譲館寮」に住んでいたが、同じ寮の、一つ年下で興譲館野球部のショートだった鈴木実君と山形市営球場まで応援に行くことにした。

興譲館は昭和二十八年（私が生まれた年）に好投手皆川睦雄を擁して、東北大会の決勝戦まで進んだことがある。（当時の甲子園出場は一県一校ではなく、宮城・福島・山形の三県で一校だった）。皆川は後年南海ホークスの投手として活躍し、プロ野球最後の三十勝投手となり野球殿堂入りしたのだが、私たちの高校時代、興譲館は鳴かず飛ばずだった。

それがベスト8入りである。実君も私もすっかり興奮して山形行きは即決した。上野発の夜行列車に乗り、早朝、山形駅に着いた。試合は山形東に2対1で負けた。試合の後、実君が言った。「安部さん、後輩たちに応援を教えたほうがいいよ」。

山形東は地元だけあって、どれぐらいの生徒がいただろうか、とにかく大勢の応援団が詰めかけていた。興譲館もバス二台分ぐらいの生徒はいたはずなのだが、応援スタイルは私の高校時代と変わらず、和太鼓をドン、ドンと鳴らしながら声を張り上げる伝統的なものだった。相手の山形東はブラスバンドに合わせてコンバット・マーチをやっていた。応援の盛り上がりは向こうの方が上だった。

母校の応援指導をすることなど全く考えもしなかったことだが、実君のひと言は私の背中を決心するところまでグイと押し出した。いま後輩たちに応援を教える人間が必要だとしたら、自分しかいないのではないかと思った。なにしろ私は高校で応援団幹事だったし、当時の東京六大学野球はまだ人気が高く神宮球場にはたくさんの学生が応援に来ており、たった半年とはいえ早稲田大学の応援部に在籍していたのだ。

高校生にグラウンドの試合とスタンドの応援が一体となる学生野球の醍醐味を教えるのは意味のないことではないし、それは生徒たちにとって高校生活の大切な思い出となるに違いないと考えた。

そして、コンバット・マーチ。野球応援に画期的な手法をと、早稲田の応援部吹奏楽団員が作詞・作曲したものだ。現在では元々どこの応援歌なのかは知らなくても、野球応援の曲として国民的に親しまれている。昭和五十年の時点では、コンバット・マーチが誕生してちょうど十年経っていたが、山形県ではようやく応援に用いられ始めた時期だった。

ただし、見よう見まね（聴きよう聴きまね）の演奏であるから、神宮球場に鳴り響く本物のコンバット・マーチとはだいぶ隔たりがあった。応援部を辞めた後も応援には度々通っていたことから、高校生たちに正調のコンバット・マーチを覚えてもらいたいとの思いもあった。

翌年の五月、米沢に帰ってきて応援団幹事会の生徒たちと学校近くの喫茶店で会った。やはり運命の出会いというのはあるもので、高校生たちも新しい応援形態を探し求めていた。そこで、東京六大学春季リーグの法政・明治戦を見学に来ないかと誘った。私たちの時代もそうだったのだが、従来の応援というのはいわゆる応援リーダーだけがするものというイメージが強かった。

大勢の学生をリーダーが指揮してスタンドが一体化する様子は、自分の眼で見てもらうのが一番。神宮球場が満員になりお祭りの華やかさで包まれる早慶戦ではなく、法明戦を勧めたのはコンバット・マーチほど広まってはいないものの、それ故にオリジナル性を演出できる法政大学のマーチ「チャンス法政」も後輩たちに覚えて欲しかったからだ。

上野駅で六人の高校生を出迎え、東京興譲館寮に泊めた。翌日、神宮球場へ。幸運にも法明戦が優勝決定戦だったため、両校の学生で球場は満員になった。早稲田の応援部で同期だった仲間は四年生（幹部）になっていたので、そのつてで法政大学応援席の最前列に座ることができた。同じく同期のお世話でコンバット・マーチ、チャンス法政の楽譜もそれぞれの応援部（団）で使っている本物を後日貰った。

その年の甲子園予選山形大会から十数年間は興譲館の応援風景が県内で一世風靡するようになった。そして、「チャンス法政」が他の高校に広まってゆき、興譲館応援団幹事ＯＢからは慶應義塾大学応援指導部主将も誕生した。

四十代の終わりに一年間だけ上郷小学校のＰＴＡ会長を務めたことがあった。浅川分校の運動会に来賓としてお呼ばれしたところ、プログラムの中に応援合戦があった。赤組応援がコンバット・マーチ、白組応援はチャンス白組。（いや、赤白逆だったか）。法明戦見学からスタートした応援指導がここまで裾野を広げているのかと思うと幸福感の広がる一日だった。

母校の後輩たちに応援指導をと助言してくれた実君は残念なことに三十代半ばで病死してしまったが、応援指導の楽しかった日々は彼からの大切な贈り物だったと感謝している。

方言の保存運動

大学を卒業する頃、新聞で「秋田県を面白くする会」の記事を読んだ。並木の根元への花の球根隠し植え、民謡タクシーの普及など、ユニークなアイディアでほのぼのとした楽しい地域社会づくりを目指しているグループの紹介記事である。ふるさとに戻ったら自分もこんな活動をしてみたいと思った。米沢に帰って、高校の同級生・後輩四人で「置賜ほのぼの会」というサークルを作った。

最初の活動は「おしょうしなマッチ」の配布だった。年々、方言が使われなくなっている。方言は無形の文化財であるから何とか残したいとの思いで、方言を大切にするキャンペーン・マッチを作ったのである。幸いにも絵の上手な同世代の女性と知り合うことができ、表は心に沁み入るような彼女の絵、裏は私の文章という組み合わせで、四季折々の風情を描いたマッチを十数年間で十一種類作り、喫茶店・民芸品店・旅館などいろいろな所に置いてもらった。

毎年一回、「おしょうしなスピーチコンテスト」も開催した。客席三百の文化センターホールが会場で、第一部は方言による弁論大会、第二部は民話の語り、第三部が創作方言劇（例えば「桃太郎の嫁さがし」のような）という構成だった。この催しは毎回地元のケーブルテレビが放送してくれ、人気があった。

その後、おしょうしな音楽祭、おしょうしなハーフマラソン大会、おしょうしなガイドなど、おしょうしなを冠したイベントや団体が市内に次々に現れてくるようになった。ちなみに「おしょうしな」は米沢地方の方言（私は古典よねざわ語と言い換えているが）で、ありがとうの意味である。

平成二十七年の六月、全国市長会に出席するため上京し、渋谷の地下鉄駅通路を歩いていたら、ふるさと納税の返礼品を紹介するポータルサイト「ふるさとチョイス」の大きな宣伝広告板を見つけた。「全国からありがとうの言葉」という見出しで、ありがとうの方言が並んでいた。おおきに（関西）、だんだん（山陰・四国・九州など）、もっけ（山形県庄内地方）、そして私たちの「おしょうしな」が載っていた。

地元民話のフランス公演

米沢に戻ってもアルバイト生活などをして、世間が認めるまともな仕事に就いたのは二十九歳の時だった。地元のプラスチック機器製造会社に入れてもらったのだ。昭和二十九年、当時のわが国には患者がたくさんいた肺結核の治療仲間三人が、ようやく病気も治癒して創業した会社である。三人とも三十歳を越えたばかりの若者だった。日本ではまだ珍しかったプラスチック製造用の射出成型機を一台買って、例えば大阪のシオノギ製薬から注文をもらって薬瓶のキャップを作るような仕事から始めた。

やがて、プラスチック製品の製造過程において原料の無駄を省き工程を短縮できる装置の開発に成功し、特許を取るようになってから会社は大きく伸びた。私が会社を辞めた時には二百六十人ほどの社員がいた。僅か三人でスタートした会社が創業四十周年を迎える頃には二百六十人分の雇用の場を作り出していたのである。その会社の総務課に勤務することになったのだが、製造現場での三交代に組み入れられたこともあったし、一時期あった二本松工場では昼夜十二時間ずつの二交代制で働いたこともあった。

そして、社長が会長である米沢日仏協会の事務局の仕事もしていた。総務課の私が業務の一環として事務局長を務めるというものだった。協会が発足して数年後、会員の間でいよいよフランスへ行こうという話になった。が、観光地巡りのただの旅行では面白くない。パリの街角で寸劇とかやれないだろうか。行き交う人々が思わず足を止めるような、と思った。

社長は後に「安部の話を聞いて、雲を掴むようなものだと思った」と笑っていたが、このアイディアは「ないた赤おに」フランス公演となって結実した。大阪・御堂筋で繰り広げられる世界の舞踊パレード出演のため来日した、フランスのオーベルニュ地方民族舞踊団に米沢まで足を伸ばしてもらい、米沢日仏協会主催の公演をおこなったのだが、その舞踊団の本拠地オーベルニュ地方オーリャック市でフランス語劇の上演をすることになったのだ。

平成三年十一月、米沢日仏協会の若手メンバー十六人はフランスの田舎の、集会所ホールの舞台に立っていた。隣の高畠町が生んだ童話作家・浜田広介の代表作「ないた赤おに」を協会顧問格である二人のフランス文学の先生に翻訳してもらい、発音の特訓を受けながら稽古してきたのだ。

舞踊団メンバーが、日本からのにわか劇団員をホームステイさせてくれ、公演会場、観客動員などの手配をしてくれた。その様子は二人の同行者、すなわち山形新聞の記者によって特集記事になり、山形放送のカメラマンの手で特別番組になって、県内に広く紹介された。

その後もこの公演事業は続き、南陽市に伝わる民話「鶴女房」、全国的に話が残る「若返りの水」をもとにした「ふしぎな泉」などが上演された。次第に子どもたちの参加も増えてゆき、中にはフランスの大学に進学する高校生も出てくるようになった。ほかの子どもたちもそれぞれに刺激を受け、心の栄養となったに違いない。

ただ、残念なことに舞踊団は近年解散してしまい今はもうない。その昔、リヨンでプロの歌手をしていた青年が故郷オーベルニュに帰り、市民を募ってアマチュアの舞踊団を創設し、フランス農村の伝統の歌・踊り・方言・衣装を掘り起こして、後世に伝え残そうとしたのだ。まるでミレーの絵から抜け出たようなグループで、六十年以上は続いたはずである。ヨーロッパ各地で公演をおこない有名だっただけに惜しまれる。

この舞踊団との交流によって、自分の住む土地のことをよく知らなければ地元への愛は深まらない、地元の魅力を感動とともに人へ伝えることができれば、地元愛は広がってゆくことを学んだ。

興譲館移転反対運動

昭和五十九年夏のある朝、会社で新聞を開いたら（新聞各紙の整理・管理も私の仕事だった）「興譲館高校移転に反対します」という意見広告チラシが折り込まれていて、呼びかけ人の中に私の名前もあった。驚いた。名前が載ることはおろか、チラシが出ることも、反対運動が始まることも知らなかったからだ。呼びかけ人代表は私の知人だったので、直ぐ電話をした。「まあ、いいじゃないか」というような返事だった。

興譲館同窓会の要望を受けて、設置者である山形県は校舎の移転新築計画を進めており、正直なところ私は反対だった。だが、同窓の先輩たちはほとんどが賛成という空気だったので、反対の声を上げるのはためらわれ悶々としていた。しかし、勝手に名前を使われたとはいえ、チラシに出てしまったことで心に火が付いた。反対運動に加わることにした。街なかの目立つところに「反対事務所」を開くことを提案した。仲間たちと街頭での署名活動をし、スピーカーを載せた宣伝カーで近隣の町も回った。

だが、運動の中核メンバーはいずれも三十歳前後の若者で、この種の運動のノウハウを一切持ち合わせていなかったし、移転計画自体すでに用地買収を終了していたので、反対運動はふた月ほどで挫折してしまった。しかしながら、主張していた反対理由については、三十年以上経った今でも考え方として変わっていない。

当時、米沢青年会議所が会員だけでなく、市民有志も募って「まちづくり市民会議」というのを催していた。私は会員ではなかったが、ある先輩から誘われて参加した。

この会議は最終的に提言集を作成し、私も「学生の街づくり」と題して提言しているので、その文章を掲載する。

所属部会は「きれいなまち」ですが、「学生の街づくり」について提言したいと思います。

現在、米沢興譲館高校の移転計画が進められています。私は今年の中頃から「まちづくり市民会議」への参加と共に「興譲館移転に反対する会」の活動にも加わってきました。

移転に反対している理由はたくさんあるのですが、その一つは市街から孤立した場所に移転してしまう点です。簡単に言えば、新校地は街はずれの畑の中です。

昭和五十年に移転推進の協議会から県議会へ提出された請願書では、教育環境は精神的にも空間的にも世俗から離れたところが理想的とされています。

しかし、私は逆に学校は世俗の中にあった方がよいのだと思います。確かに移転によって得られる「豊かな自然環境・広々とした敷地」は大きな魅力ではあります。

でも、高校時代に誰しもが求めるのは自然環境よりは文化的な刺激ではないでしょうか。例えば、書店・図書館・文化会館・映画館といった施設が学校帰りに立ち寄れる身近なところに存在するという、いわば社会環境も感受性の強い高校生にとって、自然環境に劣らず重要なものだと思うのです。

興譲館の移転は、もはや阻止できるような時機にはありません。仕方がない、とも思います。が、興譲館移転計画に当初から携わられた関係者の方から、米沢工業高校の移転も持ち上がっているという話をお聞きしました。

米工も移転するとなれば、敷地はやはり郊外の地価の安いところとなってしまう可能性が十分にあります。街なかから高校が二つ消えてしまうというのは、経済の面は抜きにしても街の活気に大きな影響を及ぼす気がしてなりません。

米沢の街は大都会のように教育上問題視されるような所はありませんし、町に一つしか高校がないような所とは違って、高校生同士、互いに刺激し合った学校生活を送ることも可能なのではないでしょうか。

学校の近くに第二グラウンドを造ることで敷地の狭さが解消できるのであれば、極力移転は避ける。長期計画で緑地帯を増やし、学校を取り巻く街自体を落ち着きのある緑豊かで美しいものにしてゆく。美術館・博物館・名画座といった施設の建設や、そこで行われる様々な催しの充実を図り、青春時代に味わうはずの感激のチャンスにあふれた街にしてゆく、というのはどうでしょうか。

米沢の六つの高校には置賜全域から生徒が集まり、二つの大学には日本全国から学生がやって来ます。学校は街なかにあって、街自体が豊かな自然環境と良質の文化的刺激に満ちたものであるような街づくりを目指してゆくべきではないでしょうか。

興譲館が移転して三十年。通学の不便さから世論はどんどん変わり、いまでは移転してよかったという声はほとんど聞かれない。職員とのミーティングで私は、建て替え時期がきたら再び街なかに戻れるように、早めに運動を始めたいと話していた。聞いている職員の真剣な眼差しからすると、けっして雲を掴むような話ではないと思う。

深まる米沢愛

消防団（三十代初めから十四年間在団）の会議でメモを取るべく手帳を開いていたら、隣に座っていた団員が覗き見をして、いろいろな活動で日程がびっしり埋まっているのに驚き、「おまえ、なんぼの団体さはまってだなや？」と聞いてきた。たしかに、前述のほかにも「歴史の道を歩く会」（昔の街道を一泊二日で歩く）や「米沢伝統産業応援会」（男性が米沢の特産品である袴を着用してパーティに出席する）やら、仲間を集めてはいろいろな活動に明け暮れる毎日だった。

これらの活動を通じて、生まれ育った地元の良さを再発見することが多く、米沢への愛が次第に深まってゆくのを実感した。大学進学によって都会暮らしを体験し、それと比較しながらふるさとを見つめる眼をもったことも大きく影響したように思える。

突然の米工、アルカディア計画

平成四年十月三十日の夕方、テレビのニュースで懸案となっていた米沢工業高校の移転先が川井地区に決定したことを知った。ただ、画面に映る田園風景がわが家の目の前のもののような気がしてならない。

米沢市の街なか、旧米沢城のお堀端にある米沢工業高校はかねてより移転改築が計画されていた。移転先について米沢市と米工同窓会が揉め、結局学校設置者である山形県に一任することとなったのだが、市内七地区で誘致運動が起こっていた。川井地区もその一つだったが、同地区でも米沢駅の近くが候補地のはずだった。でも、テレビで見る限りどうもそこではなさそうだ。

翌朝の新聞で移転先は同じ川井地区ではあっても、候補地だった場所ではなく、駅からはもっと離れた場所すなわちわが家の目の前の田んぼに決定したことを知った。田んぼの所有農家はわが集落と隣の集落がほとんどだったので、双方の何人かに移転先決定をいつ知ったのか聞いてみた。いずれも私と同様「テレビを見て知った」「新聞を読んで知った」という答えだった。先ず決定してから地権者との交渉に入るという行政手法なのだ。

そして、この手法には続編があった。数年後、わが集落の公民館で市役所によるオフィス・アルカディア事業用地の住民説明会が開かれた。オフィス・アルカディアは当時の通産省の事業で、首都圏から企業の管理・研究部門を地方に移転させるというもので、米沢市も事業希望自治体として手を挙げていた。

公民館で市の担当者は米沢工業高校に隣接する田んぼの地図を示しながら「オフィス・アルカディアの用地がこの線で囲まれた区域に決まった。もし、地権者の中で一人でも反対する人がいたら、米沢ではオフィス・アルカディア事業はできなくなる」と説明した。

通産省の事業を地域振興整備公団（後に中小企業基盤整備機構）が実施するオフィス・アルカディア事業がどの場所で実施されるか市民の関心も高く、市議会でも質問があった。私も傍聴したのだが、「どの地域で実施する考えかを早く市民に知らせるべきではないか」という議員質問に、市長も担当部長も「市民はおぼろげながら分かっているはずだ」と答えるのみだった。

川井地区で実施されるという噂はあったのだが、農家の生活を左右する大きな問題であるから、噂ではなくはっきりした場所を行政は早く示すべきだというのが質問の趣旨であったと思うが、市当局は明らかにしなかった。そして、いきなりの発表である。

線で囲まれた中にはわが家の田んぼも含まれていた。私は「米沢でも指折りの肥沃な田んぼを、土砂で埋め立て企業団地にすべきではない。遠い昔から先祖代々汗水をたらして肥沃にしてきたのだ。また、地権者への事前の相談もなく場所が選定されたことにも承服できない」として反対を表明した。だが、農業経営に見切りをつけた家庭が多く、事業用地に「当たった」ことを喜ぶ田んぼ所有者が大多数で、反対者は少数だった。

多寡はあるものの賛成・反対の思惑が入り混じるなか、いろいろと残念なことが身近なところで起きた。わが家では母が近所へ届けものに行っても挨拶をしてくれなくなったと驚き、嘆いた。妻は地区のスポーツ大会で近所の人から心ないことを言われた。常日頃は礼儀正しくて常識的な人たちが「田んぼを買ってもらえるかどうかの瀬戸際」に臨んで、目の色が変わってしまった。もちろん、すべての人がというわけではない。

またしても、決定してから地権者との交渉に入る行政手法。その結果生じる住民同士の利害の対立、軋轢。住民間の圧力のかけ具合によって合意形成がなされるのを待つ行政姿勢。農家・住民による話し合いという手順が抜けている。このようなことが許されてよいのか。

江戸時代以前からこの地で農業を営んできた家も少なくないというのに、農家（市民）には自分の将来設計についての自己決定権がないのか。そもそも、行政には優良農地を生かして独自の農業政策を展開するという発想はないのか。

自分の土地を耕しながら生活してきた農家に対し、有無を言わさず生産手段の売却を求める行政手法は、私たちが高校生のころ大変な闘争となっていた成田空港問題と、大小の差はあれ本質は同じだと思えた。このような一連の事態が進んで行く中で、私は「市会議員になっても駄目だ、市長になって市政を変えよう」と決心するに至った。

第二章　市長への道

ゼロからの挑戦

会社を辞めた翌日から、一年二か月後に行われる予定の選挙に向けて活動を開始したのであるが、今にして思えば無謀の極みであった。「市政を根本から変えたい」ということと「自分が市長になる」というのは直結するものではなかった。

私は若くして首長選に挑戦する候補者にありがちなように、親が政治家でもなければ青年会議所のような組織の代表経験者でもない。たしかに母方の叔父が県会議員、弟が市会議員ではあったが、叔父は現職市長陣営の人間だったし、弟は共産党であったため、私は純粋無所属でありながら「弟が共産党なら兄も共産党」というキャンペーンを張られることになってしまった。

つまりは、全くの徒手空拳、裸一貫からのスタートであった。いろいろな活動を通じて仲間はたくさんいたはずなのだが、「選挙に出る」となれば話は別である。みんながそのまま選挙スタッフ・運動員に加わるわけではなかった。右往左往しているうちに一年は瞬く間に過ぎ、平成七年十一月二十六日に実施された市長選挙で四期目を目指す現職市長と一騎打ちをし、二万三〇一七票対一万七一八五票で敗れた。

自分としては大きく落胆したが、有権者の受け止め方は違っていた。後ろ盾も組織も全く持たぬ無名の新人である以上、泡沫候補として箸にも棒にも掛からぬ得票数で敗退しても不思議ではないところ、僅か五八〇〇票差でしかなかったことに世間が驚いた。

二度目の挑戦

選挙の後、近所の友人宅へお茶飲みに行った。「これからどうする」という友人の母親の問いに「農業をしながら四年後の選挙を目指す」と答えたところ、「せっかく大学も出てきたのだから、もっと勉強したら」というアドバイスが返ってきた。思いもよらないことだったが、ストンと腑におちた。二十年近い昔、「応援指導をしたら」と言ってくれた実君以来の助言だった。

福島大学で地域政策学を担当している鈴木浩教授の講演を聴いて感銘を受けたことがあり、同大学の大学院には社会人が論文審査だけで入学できる枠があることも知っていた。鈴木先生の下で地域政策の勉強をしようと思った。

車で奥羽山脈のトンネルを幾つも抜けて通う大学院は新鮮で深みのあるものだった。修士論文は「地方都市における市街地空洞化の誘因に関する研究」とし、米沢市を例に取って論じることにした。その結論は「中心市街地の空洞化と農業の衰退は表裏一体で、農家の農地を手放したい事情が、公共施設を街なかから郊外農地へ移転させる遠心力の働きをした」というものだった。米沢工業高校の移転やオフィス・アルカディアの造成における経緯もその実例として挙げた。

私が小学校の高学年から中学生だった頃、私の地区でも土地改良事業があった。映画「となりのトトロ」に出てくるような小さな田んぼ、曲線を描く道や小川といった田園風景が、広々と区画整理されたものに一変した。機械化が進み、米価も上がり続けるという期待から、農村には活気が溢れていた。その期待が裏切られて日本農業が坂道を下り続けてきた結果生まれた遠心力なのだ。

論文はいろいろな先生から様々な指導を受けながら書き上げるものなので、専門の先生たちとの人脈をつくれたのも大きな収穫だった。

一方、次の選挙に向けて運動も始めた。その一番のものは「まちづくりアンケートはがき」の全戸配布である。市政に対する要望をアンケート形式で答えてもらう受取人払いのはがきを作り、市内の全家庭三万軒強を訪問するのである。一度選挙に出たといっても、有権者にとってはうろ覚えの知名度でしかないので、自分という人間をよく解かってもらうことが大事だ。単にはがきを手渡してくるのではなく、一軒ごとにとにかく長く会話することを心掛けた。

しかし、あろうことか全戸を回り切れずに、選挙一か月前の時点で五千軒が残ってしまった。

大学の夏休み、九州縦断五百五十キロ徒歩旅行というのを独りで決行したことがある。その時は一日四十キロのノルマをほぼきっちり歩いた。サラリーマンだった三十代半ば、米沢市の市制百周年を記念して上杉家の居城・春日山城跡（新潟県上越市）から米沢までの三百キロハイクを仲間たちと実施した時は、途中で日程計算が合わなくなり、夜中の二時頃まで歩いて新潟市にたどり着き、どうにか予定どおりの行程に戻った経験がある。

しかし、長距離を歩くことと有権者を訪ね歩くことには決定的な違いがあった。それは、当たり前のことだが相手がいるということである。何軒も続けて冷たくあしらわれたりすると足どりが重くなってしまう。逆に歓迎されお茶をご馳走になったりすると居心地が良くなってつい長居をしてしまう。要するに心の浮き沈みから、一定の軒数回りを毎日積み重ねてゆくことができなかったのである。

残った五千軒は私だけでなく、仲間が手分けして回ってくれた。街なかで高校の同級生がジャケットにネクタイを締めて、アンケートはがきの束を手によそ様の家を訪ねようとしている姿を目撃した。本当に有難いと感じた。だが、五期目を目指している現職にまたしても敗れてしまった。二万四一七九票対二万三八三三票だった。落胆は激しく、開票の夜と翌日の夜は自宅に帰る気力さえ失って、選挙事務所の畳の上に横たわったままだった。

しかし、普通の候補者ではなかなか手にすることのできない宝も得ていた。学生ボランティアの応援である。せっかく東北の田舎でも市民による手作り選挙をしているのだから若者たちにも見て欲しいと考え、秋を迎えて後期の授業が始まった早稲田大学へ行った。雄弁会や早稲田精神昂揚会などの部室を回り、学生ボランティア募集のチラシを配った。

このサークル回り作戦は空振りだったが、高畠町の屋代村塾（屋代地区出身の早大教授・故大塚勝夫氏が創設した農村体験塾）で知り合った学生が仲間を集めてくれた。大塚先生が亡くなった後に塾長を引き受けられた堀口健治先生のゼミの学生も来てくれた。そして、福島大学での遙か年下の学友たちも駆け付けてくれた。

三度目の挑戦

選挙が終わり、間もなく年が明けたところで一本の電話が入った。三友堂看護専門学校（市内の総合病院が運営する学校）からで、四月から社会学の授業を引き受けてもらえないかという打診だった。

同校が創立された時から、私は一般教養のカリキュラムで法学の講義を受け持っていた。（会社勤めの身でありながら、会社が休みである土曜日に先生をすることを許してくれた社長には今も感謝している）。ただし、選挙に出る際に辞めていた。運動に専念するためという理由だけではなく、大学の先生でもなければ弁護士でもない自分が、こんな大それたことをいつまでもしていてよいはずがないという後ろめたさがあったのだ。

今度はためらうことなく引き受けた。大学院に入って自分の学力がどの程度かを知り、低ければ低いなりに研鑽を重ねてゆけばよいのだという確信を持つようになっていたからである。

授業は私が毎回のテーマについて問題提起し、グループごとに討論・発表をして再び私がコメントするという形式だったが、締めくくりに当日の授業の要点・感想を書いてもらっていた。高校から真っ直ぐ進学した人、社会人生活を経て学生になった人、様々な年齢の男女が短いまとめを書いている間、窓際のイスに座って待っている私は何とも言えない幸福感に満たされていた。

その一方で密かな悩みも抱えていた。三度目の挑戦を妻にどう話すべきかという問題である。選挙に出ないものと妻は思い込んでいた。実際、二度首長選挙に挑戦する人はいても、三度挑む人の例はあまり聞いたことがない。それに妻は市職員である。自分の職場のトップに対して夫が戦いを挑んでいるのだ。

スポーツの勝負ではない。トップのおこなっている仕事に対して夫が「納得できない」と批判し、「自分が替わっておこなう」と宣言して運動してきたのである。妻にとって市役所勤めは居心地のよかろうはずがない。

たしかに、米沢工業高校の移転やオフィス・アルカディア造成の時は「行政手法に民主主義の視点が欠けている」と憤りを共にし、市長選挙に出馬することを認めてはくれたものの、五年の間、市長に敵対する夫を持つ市職員だったのだ。全国の市町村職員で彼女以外にそのような立場の人がいるだろうか。

陰ながら励ましてくれる同僚も少なからずいたから耐えることができたものの、

スーパーで買い物をしていたら市職員と思しき人と出会い妻の方から目礼をしたが無反応、人違いかと思ったが、私が市長に就任した後にまた出会ったら向こうから挨拶してきたというような類のことがいろいろあったようだ。「もう、この辺で」と妻が思うのも無理はない。だが、「市政のあり方を根本から変えなくては」という志を捨てるわけにはいかなかった。

三度目の選挙まであと二年数か月となったところで妻の伯母が亡くなった。妻と妻の母が東京での葬式へ行くことになり、米沢駅まで車で送った私は妻に手紙を渡した。どうしても志を遂げたい、許してもらいたいと書いた。新幹線の中で手紙を読んだ妻は母と相談し、葬儀では北海道から参列した伯父に助言を求めた。

伯父は「人間にはどうしても諦め切れない夢というのがある。認めてやるしかないんじゃないか」と言ったという。彼は若いときに弁護士を志したが、家庭の事情から裁判所の事務官になった。しかし、何度かの変遷を経てとうとう最後は弁護士になった人だ。妻は自宅に戻ってきた時には、もう一度戦うことを認めてくれていた。

再びまちづくりアンケートはがきを携えて、市内三万二千軒を一軒ずつ回ることにした。今度は余裕を持って回り切ろう、そのためには、残りの軒数と残りの日数を常に計算しながら回る、そのことだけ気を付けることにした。

知らないお宅を初めてお訪ねするのと、再度お伺いするのでは緊張(ストレス)の度合いが全く違う。玄関のピンポンを押す時の指先が軽い。家の人が出てくる。四年前に訪問した時の会話メモが手元の住宅地図に書き込んである。前回旦那さんと交わした会話のメモを見ながら話を始めたところ、今回応対したのは奥さんで、「えっ、そんなことまで調べて訪ねているんですか」と誤解され、驚かれたこともあった。

街なかには珍しい畑の中の一軒家。「ご免ください」と何度も呼ばわった末に、「おー」とお母さんが出てきた。(まるで時代劇のようだ)。差し出したアンケートはがきに記してある私の略歴を見て、「おたくはうちの息子と歳が一緒だな」とおっしゃった。「遠くにいらっしゃるんですか」と私が聞いた。

玄関先からでも家の中の雰囲気はなんとなく分かる。お母さんの独り住まいに見えたのだ。「んだ、遠いどごさいる」と言って彼女は天を指さした。私はしまったと思い「申し訳ありませんでした」と頭を下げた。頭を上げたら、お母さんの目はもう真っ赤だった。畑を通っての帰り道、今度はこちらの目が潤んでしまった。息子を亡くした親の悲しさ、無念さ、口惜しさ。息子さんになり代わって、自分がこのようなお母さんの杖にならなくてはとの思いが衝動的に込み上げてきた。

笹野地区を夏の暑いさなかに回った。じりじり照りつける太陽の下、自然にうつむいて歩いていた。ふと見るとマンホールに米沢市のものではない蓋が掛っている。羽咋市下水道と刻まれていた。石川県羽咋(はくい)市。能登半島の付け根にあるまちだ。

市長に就任後、米沢市のものと取り換えるよう指示し、何故よそのまちの蓋が掛っていたのか調べてもらった。私が発見する十九年前に水道工事があり、その際米沢市のマンホール蓋が足りずに（特注品のため）取り敢えず業者が持っている羽咋市の蓋を掛けた、そしてそのままになったと思われるというのが水道部の調査報告だった。

それ以上は深追いをしないことにした。当時の担当責任者はもう退職しているはずだし、仮りに関与していた職員がまだ残っていたとしても今さら責めるべきではない。ただし、蓋は市長室に置いておき「仕事は決して手抜きをしてはならない、手抜きはいつか露見する」という職員教育の小道具に使わせてもらった。

秋になり肌寒い日々が続いた。簗沢（やなざわ）地区を歩いている折、来年の選挙で本当に勝てるのだろうか、市会議員選挙に出るはずだったのが市長選に出てしまい、結局自分の人生は「政治をしたかった」というだけで終わるのではないかとの思いが胸いっぱいに広がってしまった。

だが、その少し前に「郡上一揆」という緒方直人主演の映画を観ていた。百姓一揆のリーダーというのは、暮らしに最も窮乏している農民がなるのではない。農村社会の平時のリーダーである名主・組頭・百姓代といった村の役職者（つまり村が苦しくとも、自分の家族は何とか凌いでゆける階層）がなるのだ。藩や幕府に対する要求（年貢の引き下げなど）が通っても通らなくても首謀者は打ち首や磔になる。場合によっては家族も同じ目にあう。それでも村のために一揆のリーダーとなるのだ。

これこそ本当の政治家の姿ではないのか。立身出世や保身を願う者は政治家ではない。自分の全てを、ときには命までも捧げて人々のために尽くすのが政治家だ。自分はこの市政を根底から変えなければならないと思って市長選挙に出たのであるから、それだけで終わってしまっても悔いてはならない。自分の全てを捨てて体制批判をする、社会変革を図るというのは決して愚かなことではない。とにかく、力一杯戦おうと決心するに至った。すると、急に足取りが軽くなった。

この日が三回目の選挙における心の転換点だった。やがて歌を口ずさみながら歩くようになった。

嵐も吹けば　雨も降る
男の道よ　なぜ険し
君を訪ねて　私は歩く
次の選挙は　きっと勝つ

言うまでもなく、今でも結婚式で歌われる「ここに幸あり」の替え歌である。

翌年の八月七日。この日はお盆のお墓参りに備えて墓掃除をする風習が残る日だ。墓地には集落ごとにまとまってお墓が建っており、早朝に掃除をする習わしになっている。その年は集落の人たちが掃除を終えた頃合を見計らって、子どもたちと家を出た。当時息子が中学三年、娘が小学五年。ご先祖様の墓前で子どもたちに言わねばならないことがあった。

掃除が終わって、私たち父子しかいない墓地で二人に話した。「父ちゃんは今年の秋に三度目の市長選挙に出る。しかし、当選するとは限らない。落ちたらもう選挙には出ない。その代り、世の中の先生になる。あるべき社会の姿をみんなに示す役をする。行政書士の仕事でお前たちをちゃんと食べさせてゆくから心配するな」。兄ちゃんはうつむいてニヤニヤしながら、妹は顔を上げて真っすぐ私の目を見ながら聞いていた。

選挙に出るために会社を辞めた時、息子は幼稚園の年長組、娘は二歳だった。この子らにとって、物心ついた時には父親は選挙に出ており、育っていく過程で二度落選しているのだ。子どもたちが不安定な気持ちのまま育たないように、毎朝子どもを起こす際には「起きろ、わが家の将来は明るい。なぜなら、一家の主が夢と希望を持って生きているからだ」と叫ぶようにしていた。

後で聞いてみると、学校という子ども社会の中で複雑なこともあったようで、子どもたちは親にそれを言わなかっただけだった。

選挙本番では前回の学生ボランティアが社会人になって、また応援に来てくれた。自分たちだけでなく、後輩の現役学生も連れて。後日、選挙事務所でのスナップ写真を見せてもらったら、米沢市民であるおじさんたちが、夜、東京から来た大学生たちとビールを飲みながら実に楽しそうに語り合っている様子が写っていた。対戦相手は五期で引退することになった現職市長の後継者（助役）だった。二万四七〇三票対一万九八六二票で勝った。

勝因はいろいろ考えられるが、つまるところは一回目に投票してくれた人たちが二回目の得票数を生んでくれ、二回目の選挙で投票してくれた人たちが三回目の得票数を生み出してくれたということではないかと思う。会社を辞めてから九年の歳月が経っていた。

第三章　市長日記

自由の風

平成十五年（2003）十二月二十二日（月）

初登庁の日。一人で家から歩いて行くはずだったが、最初の立候補から苦労を共にしてきたメンバーの一人が「俺も歩く」といって同行してくれた。三十五分ほどで市役所に到着し、職員の出迎えを受ける。家から携えてきた風呂敷包みを開いて旗を取り出し、仲間が担いできた旗竿に取り付けた。

旗に染め抜いてある文字は「自由の風」。選挙戦最終日の最後の演説における約束だった。市長になったら、市役所に自由の風を吹かせたい。職員一人ひとりが自分というものをしっかり持って、自分の良心に従って仕事をする市役所にしたい、そしてその風をまち全体に吹かせたい、そう訴えた。

当選した後、中央で書道の大家として活躍している高校の同級生に文字を書いてもらい、染めて旗に仕立てた。その日から退職までの十二年間、旗竿から取り外した「自由の風」旗を市長応接室の入口に掲げ続けた。

また、どんなにささやかな政策・事業であっても、それには首長の思想・哲学・理念が滲み出るとの考えから、市民にそれらを理解してもらうべく、月二回発行の市報

「広報よねざわ」に短い市長コラムを設け、「自由の風」と名付けた。コラムの中身は教育・文化・歴史に関するものが多かったように思う。

下の図を見ていただきたい。頂上の小三角形である幸せな生活を叶えるためには、下段の台形に入るべき魅力ある雇用の場、十分な所得、手厚い子育て支援、安心できる高齢者介護などにおける具体的な諸政策が不可欠だが、それだけを追い求めて大三角形をつくったのでは、いずれ行き詰まってしまう。その下に教育・文化・歴史による台形があり、それによって形成されるさらなる大三角形こそ、汲めども尽きぬ優れた政策を生み出し、人々を幸せな生活へと押し上げると考えている。

これからどんな社会になるかは人次第。だか

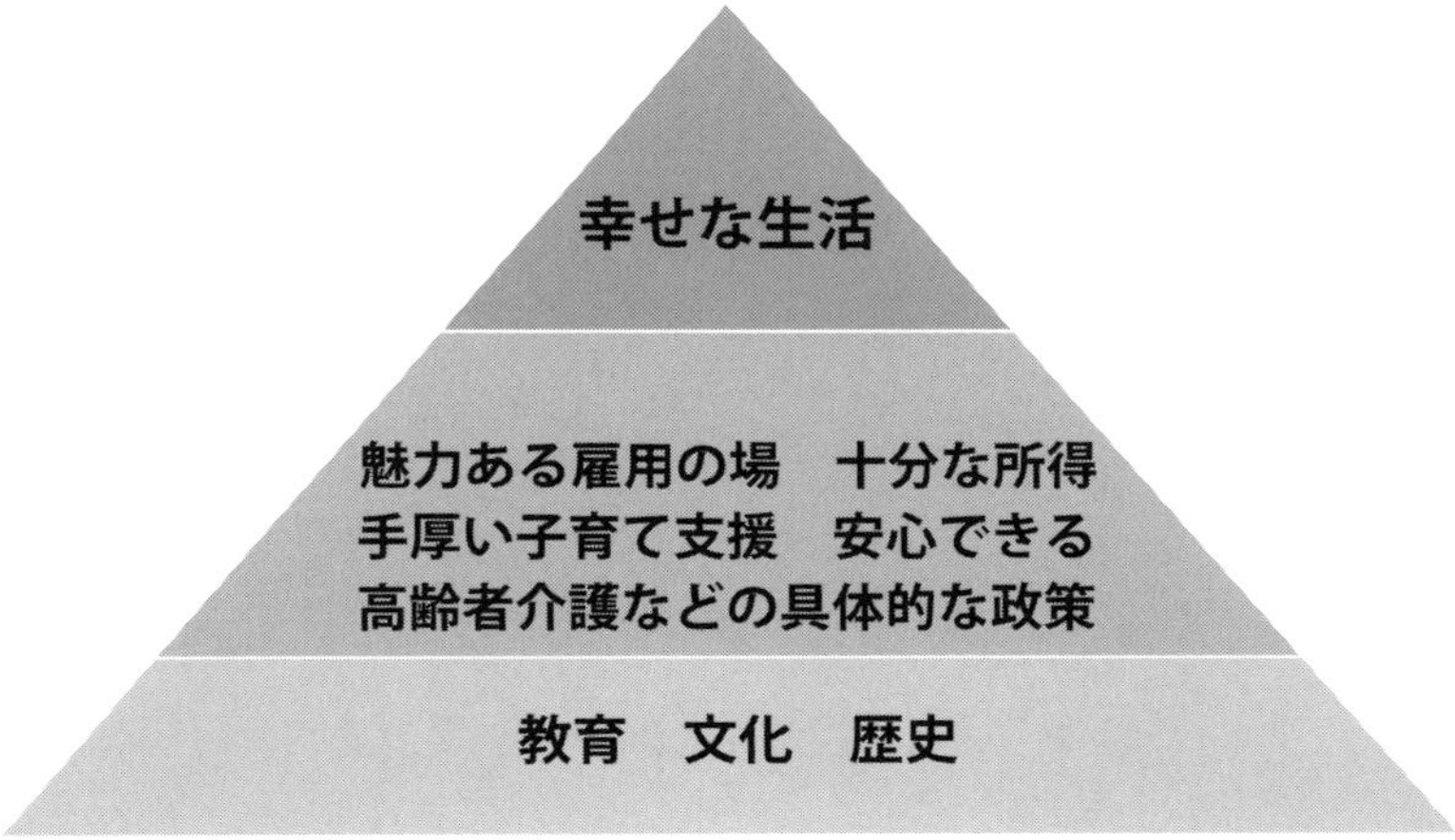

ら教育が大事だ。魅力ある地域とは文化レベルの高いまち。文化の低いところに人は来ないし残らない。未来への方向性を誤らないためには歴史に学ぶことが大切だ。歴史に謙虚でない指導者を持つことは、目隠しをした運転手のバスに乗るのと同じだ。

このような考えから、私の市政は上の台形に努力するだけでなく、下の台形にも力を注ぐよう心掛けてきた。したがって市長コラムと同様、この市長日記の内容も教育・文化・歴史に関するものが多い。上の台形に入るべき部類の具体的政策・事業について関心をお持ちの方は、巻末の「安部市政の足あと」をお読みいただきたい。

なお、日記の形式をとってはいるが、毎日のスケジュール表、広報、新聞記事などの資料を基にして、今回書き起こしたものである。

平成十六年(2004)一月一日(木)

「市民が主役」の市政

「広報よねざわ」の元旦号が市内の全家庭に配布された。年末のうちに配布される町内・集落もあるようだが、私の住む川井の上谷地(かみやち)集落では元旦の集落新年会の席上配布される。巻頭の市長新年挨拶はそのまま市政運営における決意表明といってよい。全文を次に掲げる。

明けまして、おめでとうございます。

本年が皆さまにとりまして、よい年になりますようご祈念申し上げます。

さて、米沢は再び「日本一のまちづくり」を目指したいと思います。鷹山公の藩政改革が行われていた当時の米沢は全国の注目の的でした。それこそ、日本一の貧乏藩として有名だった状況から財政的に立ち直っただけでなく、藩政改革の様子を視察に訪れた学者が「無人販売の市（棒杭市：ぼっくいいち）で勘定をごまかす人がいない」と記録に残しているほど人心も復興していました。現在も平成不況の長いトンネルの中にいるとはいえ、長期的、世界的な見方をすれば、戦後の半世紀で日本は経済的に大変豊かな国になりました。しかしながら、精神的には荒廃の坂道を下り続けていると思わざるを得ません。家庭や社会で起きている様々な事件がそれを物語っています。

これからの日本は、経済と精神（心の豊かさ）の二本立ての復興を目指さなければなりません。米沢はその手本（モデル）となりたいと思います。そういう意味で「日本一のまちづくり」を目指します。

九年前に米沢市がスポンサーとなって、鷹山公の改革をテーマにした演劇が上演されました。二万人近くの皆さまがご覧になったはずですから、覚えておいでの方も多いと思います。五大路子さんが演ずるお豊の方（鷹山公側室）が「どなたか、鷹山公と一緒にクワを持つ人はいませんか」と舞台から客席に向かって呼びかけると、観客が続々とクワをかついで舞台に上がってゆくラストシーンが忘れられません。

市長・市職員が役者、市民が観客に分かれる市政ではなく、市民がどんどん舞台に上がる、また上がれる市政にして行きます。もちろん、市長は殿様ではありませんから、私は鷹山公ではありません。選ばれて四年間、米沢市のリーダーを務めさせて頂くことになった普通の一市民です。米沢を愛する全ての市民のみなさん、私と一緒に日本一のまちづくりに挑戦しましょう。


鷹山政治に学んで市民が主役のまちづくりをしようという呼びかけである。では、鷹山政治の特長とは何だろうか。私は次の四点を挙げたい。

その一は自分（権力者）のための政治ではなく、人民のための政治を目指したこと

上杉氏略系図
（数字は藩主の代数）

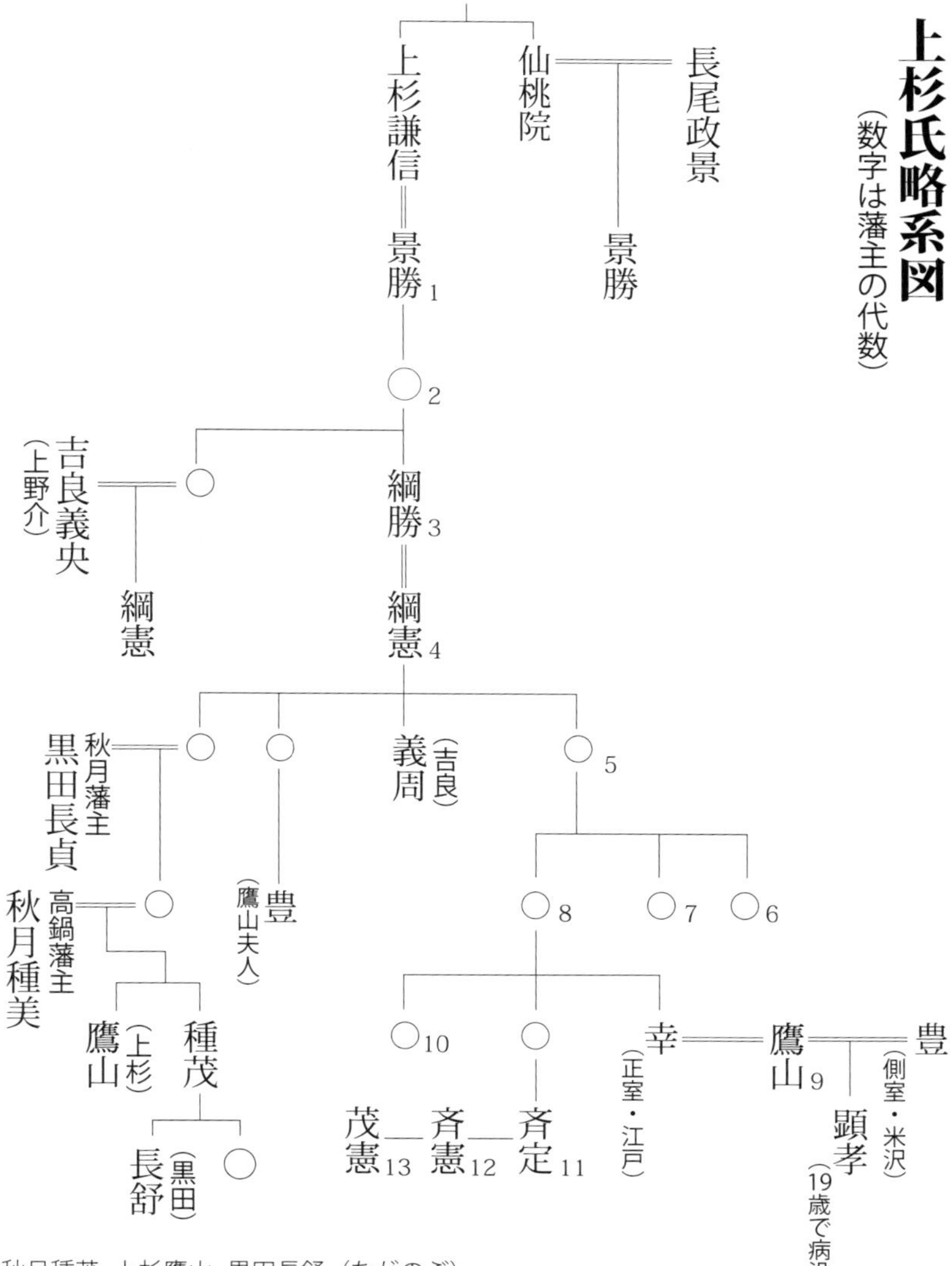

秋月種茂、上杉鷹山、黒田長舒（ながのぶ）
は揃って名君・中興の祖とされている

である。このことは本書冒頭の「伝国の辞」のところで述べたが、鷹山はこの心得の実践に努めていた。秋の日に農家の庭先を通りかかった彼は、お婆さんが農作業で難儀をしているのを見て直ぐ手伝ったという逸話も伝わっている。

その二は国を治める者はまず身を修めるべし、の考えに立っていたことである。日向国（宮崎県）高鍋の藩主である秋月家の次男に生まれた鷹山は、母方祖母の実家である上杉家の養子となった。正室は藩主の娘で鷹山の又従妹に当たるが、生まれながらにして重度の心身障がいがあった。彼はこの奥方を大切にした。江戸屋敷に住む彼女と人形で遊び、国許から藩主付きの鍼灸医を呼び寄せ、将軍の鍼医官の下で一年間再修業させたうえで、彼女の専属として治療に当たらせたという。

その三は進取の政策に挑戦したことである。その代表例として飯豊穴堰（いいであなぜき）がある。山形・福島・新潟の県境に標高二千百五メートルの飯豊山が聳えている。その山中に十九年かけて二百メートルのトンネルを掘り、新潟県に流れる川の水を山形県側に引き、領内の農業用水にした。

その四は後継者教育と人材育成に力を注いだことである。鷹山自身が幕府から善政を表彰されただけでなく、二代後の藩主斉定（なりさだ）も表彰を受けたし、次の斉憲（なりのり）は二度表彰された。その次の茂憲（もちのり）は最後の藩主であり、明治初期に沖縄県令（知事）に任命されて善政を施し、現在も那覇市の沖縄県立博物館にその業績が紹介されている。また鷹山は藩校興譲館を創設し、藩政を担う人材の育成に務めた結果、藩内に学問を重んずる気風が浸透し、米沢は明治以降も幾多の人材を輩出し続けた。

「市民が主役」と「鷹山政治の継承」を目指した私は、まちづくりの指針として「経済の豊かさと精神の豊かさが調和するまち」を掲げた。そして、精神の豊かさの象徴として棒杭市も復活させてみた。初めは伝国の杜広場において市職員の手で催されていたが、「なせばなる秋まつり」の創設に伴い、山形大学工学部・米沢女子短大・米沢栄養大学の学生によって棒杭市のためのサークルが結成された。他人同士が信じ合う無人販売の開催に張り切る彼・彼女らは未来社会の希望的存在である。

対話の日

二月二日（月）

夜六時から初めての「市長と語ろう　市民と市長の対話の日」が市長執務室で開か

れる。市民は市役所で市長と面会する時、三階の市長応接室に通される。が、その奥に市長執務室がある。ふだん市長はこの部屋で仕事をしているのだが、市民は社会見学の子どもたちなど以外ほとんど入らない。職員も市長と打ち合わせをする役職者の他は滅多に入室しない。市民や市役所に自由の風を吹かせる第一歩は「無用な権威のぶち壊し」だと考えて、この部屋を市民・職員に解放することにした。

市民との対話を毎月第一月曜日の夜におこなうこととし、広報で参加者を募集した。初回は二十人前後の来訪があったように思う。市民がリラックスできるように、背広を脱いでセーター姿で出た。出席者の中にまちの有力者・著名人はいない。普通の市民ばかりである。ただし、何か言いたい人々が集まってきた。市政がえこひいきになるのを避けるため「この集まりでは具体的な要望・陳情は受け付けない」と予告してあったが、一般的な市政批判は山ほど出た。

この会はそれほど長くは続かなかった。回を重ねるうちに常連客がほとんどを占めるようになってきたからだ。しかし市民の立ち入らなかった部屋の解放は、市民意識を変える役目を少しは果たしたと思う。

そして、私自身には別の収穫もあった。常連の一人で以前から顔見知りのお母さん。

毎回、何かしら市長を叱ってゆく。机の上に未決済の文書が重ねてあり、文面が人目にさらされないよう唐草模様の大風呂敷を掛けて置いたところ「この風呂敷は何だ、仕事を溜めているのか」と噛みつかれたこともある。

彼女は私の対立候補の熱心な支援者だったので、選挙に負けた口惜しさが尾を引いて、厳しいことを言いに毎回張り切って来るのだろうと受け止めていた。だが、この集まりが終了しただいぶ後、彼女から米沢市へ寄附金の申し出があった。応接室で寄附を頂戴したとき、八十歳を過ぎた彼女の肩を揉みながら、人は一面だけで判断すべきではないと反省し記念写真に納まった。

職員との対話も月に一度、やはり市長執務室でおこなった。こちらは市民との対話と違い、予約なしに来てよいことにしたのだが、役職者はほとんど来ず、来室したのは一般職員だった。ここで、後々に影響を及ぼす重要な意見が二つ出た。一つは「市長は市民に大事なことを直接語りかけろ」だ。

あちらこちらの成人式で新成人が暴れていることに話題が及び、私が「成人式をやらないという選択肢もある。どうしても成人式をして欲しいというなら、新成人自らがやるというのはどうか」と述べたところ、女性職員から「成人式は市長が青年たちに向かって自分の考えを述べる場でもある。市主催の成人式は続けて、本当に大事だと思うことを新成人に語りかけるべきだ」という反論があった。

なるほど。四月二十九日におこなわれた私にとって最初の成人式では、出席者が退屈しないよう工夫を凝らしつつ自分なりの考えを述べたつもりだが、このアドバイスは小中学校の卒業式祝辞にも生かされることになった。

そして、もう一つは学校給食の調理師から出た「中学校給食も親子方式なら実施可能だ」という発言である。米沢市は当時まだ中学校給食がなかったのだが、小学校が近くの中学校の分も作って配送する親子方式であればできるという現場の声だった。この声が後に中学校給食を実施する際の大きな原動力となった。

三月七日（日）

合併シンポジウム

アクティ米沢で市主催の「市町村合併を考える市民シンポジウム」をおこなう。市民が四百人近く参加し、関心の高さがうかがわれた。平成の大合併により全国の市町村数が約三千二百から約千七百へと半減したが、米沢市および置賜地方でも合併の論議が盛んで、私は選挙に臨み合併に関しては「ゼロからの出発」として市民の声を聞く約束をしていた。そして、三月一日から二十五日までを回答期間として、全有権者対象の市民アンケートを実施し、そのための参考にシンポジウムを開催したのだ。

パネリストは、合併推進の立場が山形県の広域行政推進アドバイザーを務める大川健嗣山形大学教授、合併に慎重な立場が渡名喜庸安（となきようあん）愛知学泉大学教授である。コーディネーターは米沢女子短大の亀ケ谷雅彦助教授にお願いした。

合併推進派と反対派の討論によっ

市の将来を市民が決めるためのシンポジウム

て、それぞれの長短が浮き彫りになることを目指し、合併反対派として私が福島大学でご指導いただいた渡名喜先生にお願いしたのだが、先生ははっきり反対の態度は示されず、合併における問題点をいろいろ指摘されるにとどまった。合併問題は多面的に検討されるべきものであり、またそれぞれの自治体において置かれている状況が異なるため、一概に結論を出せることではないというご意見だった。

さて、そのアンケート結果であるが、全有権者七万三七四四人のうち二万四三四七人から回答があった。回答率三三パーセントである。合併の必要があると答えた人が四三・七パーセント、必要がないと答えた人が四一・七パーセントでほぼ拮抗した。この結果を踏まえ、五月三十一日の市議会合併特別委員会において私は「合併問題には今後も取り組む。置賜地域で米沢市を含まない枠組みの合併協議が進行中であることから、機が熟するまで米沢市は受動的に対応せざるを得ない」という基本方針を表明した。

ここでの米沢市を含まない枠組みというのは南陽市・長井市・川西町・飯豊町の組み合わせであったが、結局まとまらず、その後も各首長からいろいろな組み合わせの合併提案が出され、それぞれ協議されたがどれもまとまらなかった。合併した方がよかったのか、しない方がよかったのかは、もう少し時間が経たないと分からない。全国の合併した自治体の推移、あるいは山形県内の酒田を中心に合併したグループ（新酒田市）、鶴岡を中心に合併したグループ（新鶴岡市）の今後の推移をみることによって判明してくると思われる。

七月三十一日（土）

妻の退職

この日をもって妻が市役所を退職する。教育委員会勤務からスタートして市立病院事務まで二十年間の公務員生活だった。夫婦の片方が市長になった場合、もう一方が市職員であってはならない法律や規則があるわけではないので、正直なところ悩んだ。

しかし、夫婦でよく話し合った結果、内部事情に詳しい妻が職員人事に口出ししているのではないかなどという憶測が市役所内で広まったり、妻の所属している職場が「市長の妻」がいるばかりに硬直した空気になったり、ということを避けるため妻は辞めることにした。

理由はどうあれ、私が原因で妻は憲法の保障する「職業選択の自由」を放棄せざるを得なくなった。このことについて申し訳ないと思うだけでなく、私が会社を辞めてから当選するまでの九年間、彼女の心労という点でも大迷惑をかけてしまったと思っている。

九月二十三日（木）

堀粂之助の決意

会津若松市の「会津秋まつり／会津藩公行列」に出演。会津ゆかりの大名や新選組などが登場するパレードであるが、会津百二十万石の太守であった上杉景勝の役で甲冑を着て馬に乗った。会津若松市のお祭りに米沢市長がお呼ばれしたのは、おそらく私が初めてなはずだ。

会津藩と米沢藩は吾妻山の山中で境を接する文字通りの隣組であり、殿様同士は親戚でもある。そのうえ、三代米沢藩主・上杉綱勝が世継ぎのないまま急死して、危うく藩が取り潰しになるところを救ってくれたのも会津藩主である。しかし、明治以降会津若松と米沢は何となく疎遠になった。戊辰戦争の際、鶴ヶ城に籠城する会津藩へ米沢藩は援軍に行かなかったからだ。会津側にもこだわりがあったようだが、米沢人も根が真面目なだけに引け目を感じていた様子である。

この年の五月三日におこなわれた上杉まつりへ菅家一郎会津若松市長が来訪した折、彼を誘って東寺町の龍泉寺にある堀条之助のお墓参りをした。堀条之助は会津藩士で、主君の命を受け鶴ヶ城から西軍の包囲網を抜けて米沢藩へ援軍を頼みにきた。しかし、米沢藩はすでに降伏を決めていたために要請を断り、条之助は君命を果たせなかった責任から「神かけて誓ひしことのかなはねば　ふたたび家路思はざりけり」の辞世の句を残し、米沢城下の旅籠で割腹して果てた。享年三十一歳。

城に戻って「援軍は来ない」と報告すれば籠城軍の士気は瓦解する。かといって戦列を離れて行方をくらますなどできるはずもない。とすれば、鶴ヶ城を出る時から万一の覚悟はしていたに違いない。そう考えると身の引き締まる思いがして、何度かお墓参りをしたことが過去にはあったのだが、一緒に墓参したことがたぶん菅家市長の心に響いて、私のところへおまつりの案内が届いたものと思う。

歳も近いし、同じ大学出身という気安さも手伝って、菅家市長とはこれ以降親しく交流するようになった。そして、この信頼関係の生かされたのが五年後の平成二十一年、大河ドラマ「天地人」の放送においてである。

ドラマのご当地として、米沢も会津若松もそれぞれイベントをおこなったたし、共同の事業もあった。互いに協力し合ったわけだが、将来に大河ドラマが待っているなどとは分からずに、とにかく「会津若松とは親しき隣組でありたい」という思いだけで友好を図ってきたのが、後の幸運に繋がった。彼が衆議院選挙に出た時、感謝を込めて応援演説に行った。

ちなみに、翌年からは命日の九月五日に広報、観光担当の職員を誘って墓参に行くようにし、このことをインターネットで知った堀条之助子孫の方も遠方から駆け付けてくださるようになった。条之助の百五十回忌に当たる平成二十九年からは一市民の立場で「堀条之助墓前祭」として呼び掛け、子孫の方三名をお迎えして再出発した。

堀条之助の取った行動は、使命を帯びた人間のモデルを私たちに示している。国民の代表者たる国会議員の余りにも軽過ぎる言動に国民が心を痛めている今日の世相にあって、堀条之助の生き方を広く知ってもらいたいと思う。

平成十七年（2005）八月二十七日（土）

悪臭問題

南原地区の市長を囲む座談会に出席する。米沢市は十七地区に分かれており、地区ごとに年に一度、市長を囲む座談会が開催される。（中には数年に一度の地区や催さない地区もある）。会議の内容は道路の整備であったり、コミュニティセンターの建て替えであったりと要望が主なので、予め提出された要望に合わせて担当の部長・課長と一緒に出向く。

初めて出席した南原の座談会は衝撃的だった。「悪臭問題をなんとかしてくれ」の大合唱である。地区の人たちは日頃の怒りを市長にぶつけたくて、座談会を待っていたのだ。この日は二年目の座談会だったが、やはり悪臭問題が主だった。

南原地区は米沢市の一番南の地域で人口は四千人強。米沢市全体の約二十分の一を占める。この地区に養豚場がある。五十年ほど前に住宅街に隣接する畑の中で事業を始めたのだが、市の開発公社が畜舎を含めた一帯を住宅団地に造成すべく、養豚業者に移転地としてさらに南の方、すなわち松川（最上川）の上流部に土地を斡旋した。約三十年前のことである。

移転後、年々事業が拡大し最大時には六千五百頭にまでなった。豚の排泄物の臭い、糞の堆肥化作業の臭いが地区全体に広がる。「ご飯を食べる時には夏でも窓を開けられない」とみんなが口々に訴える。

養豚場の近くに堆肥製造会社がある。同地区にあった大規模な住宅メーカーが倒産した後の工場で事業が始まった。伐採した樹木の根とコーヒーやジュースの搾りかすなどを混ぜ合わせて、畑で使用する肥料を作る。これも製造過程で臭うだけでなく、製造したものを貯蔵しておく倉庫からも臭いが流れ出す。

この二つの事業所が生み出す臭いは共に「臭いの塊」となって大気中を移動する。塊に包まれた時が一番強烈なのだが、何しろ空気の流れによって移動するため捉えようがない。さらに、河川が臭いの通り道になってしまっている。松川は市街地を南北に貫通しているため、臭いが街なかにも広まった。米沢駅に降り立って、異臭に眉をひそめる来訪客のことがよく話題に上った。わが家は市街地から離れた東の地域にあるが、やはり臭いを感じる時があった。

悪臭問題は次第に南原地区だけに留まらず、市民全体の問題となっていった。そのとばっちりを受けたのは、市役所守衛室の人たちである。「臭う！」との苦情の電話は日中なら環境生活課に回されるのだが、夜間や休日は回しようがない。やむなく守衛室で受ける。守衛業務は民間会社に委託しているため、公務員でない人たちがお叱りを受けることになる。

ある時、市民からわが家へ電話があり「悪臭問題の一つも解決できないのか」となじられた。つい私は「解決できないのではなく、私になってようやく解決に向けて動きだしたのです」と反論をしてしまった。実際、私の市長就任前は畜産振興の面もあって、悪臭の苦情に対して市では本腰を入れて来なかった。

一年目の座談会において事の重大性を悟った私は、席上「全面解決」を約束したのだが、それは茨の道だった。まず、事業者側の意識である。畜産業者は好きこのんで現在地、つまり風上、川の上流に移転したのではない、市役所の外郭団体である開発公社の斡旋で移転したのだという意識が強い。堆肥製造会社も社長に市役所へ来てもらったところ、「倒産したら首をくくるしかない」と会社経営に文字通り決死の覚悟だった。

一方、地元民の側も「静かに暮らしていたのに、後から養豚業、堆肥製造業がやって来て、生活がぶち壊しになった」と先住者としての被害者意識が強く、市役所までがややもすると加害者側として見られる始末だった。

たしかに先住者の憤りはよく解る。養豚畜舎のすぐ近くに草木染の有名作家がおられる。もとは米沢の街なかで織物業を営んでいたのだが、草木染に適した空気と水を探し求めて現在地に移ってこられた。苦労の末、東京のデパートでも展示会が開かれるところまでこぎつけ、お得意様が紅花摘みの様子などを見学にくる。そこへ臭いの塊が襲来する。日干し中の染め上がった糸の品質まで疑われかねない。

私はこの染色作家の方が現在地に移られた頃を知っていたので、憤懣やる方ない気持ちは痛いほど伝わってくる。臭いを体験するために、この方のお宅に四晩ほど泊めていただいたこともある。

問題解決に向けて私は二本の柱を立てることにした。一本は業者に対してである。どんな産業も長い目で見れば、地元民の犠牲の上には成り立たない事実を理解してもらうことである。もう一本は地域住民に対してである。市役所を責めても問題は解決しない、市役所と力を合わせて問題解決を図る必要性を解かってもらうことである。

市役所の担当課を中心とした業者との粘り強い話し合い、南原地区から起こった全市的な署名運動による世論の盛り上がりもあって、養豚業者は飼育頭数の半減をおこない、堆肥製造業者は製造を廃止した。これによって臭い被害はだいぶ減少したのだが、養豚畜舎の移転をおこなわなければ全面解決にはならないとの考えから、移転候補地の選定・交渉、山形大学に依頼しての環境調査をおこなっている段階で私の市政は終了した。

問題解決が困難化した原因は、養豚業者においては開発公社が移転先を斡旋する際に地形・風向き等を科学的に調査するという発想を持たなかったこと、規模拡大以前に環境対策の指導を十分しなかったことにある。臭気の数値が法律で定められた範囲内であったとしても、それで解決ということにはならない。

許認可権が県にある場合、県が許可したからと逃げる方法もあるが、住民に直接の責任を持つのは市町村だ。そして行政側（トップの首長はもとより、担当の職員一人ひとり）に問われるのは住民が納得するかどうかなのだ。その意識が当初は十分でなかった。

次第に一生懸命になり、途中からは「市役所を責めても駄目だ、一緒になって問題解決を図っぺ」という地元の声に励まされて取り組んできた職員たちに感謝すると共に、全面解決のための畜舎移転という私のやり残しをぜひ完遂してもらいたいと思う。

ていねい除雪

除雪対策協議会総会が文化センターで開かれる。同協議会は地区ごとにつくられており、この総会の席上で毎年その年の除雪方針が市から示される。

私は初当選した選挙、次の選挙、その次の選挙と連続して「ていねい除雪」を公約に掲げてきた。ていねい除雪の最たるものは、雪の塊対策だった。道路を除雪車が通った後に「押し雪」と呼んでいる雪の塊ができる。これを取り除かないと自宅敷地から道路へ出られない。ところがこの塊、固いし量は多いしで、特に高齢者世帯では大きな問題だった。

これを何とかしてもらいたいという要望に応えて、高齢者宅前には塊を置かないようにした。最初は高齢者宅に目印の旗を立てるはずだったが、それでは防犯上問題があるという意見が出て、除雪車のオペレーターへ該当する家に印を付けた地図を渡す方式が取られた。

他にも各コミュニティセンター職員に「除雪モニター」を依頼し、特に子どもたちの登下校時の降雪量、吹き溜まりの状況を把握・通知してもらうようにしたり、親による送迎の時に道路が渋滞しないよう、保育園周辺の除雪に力を入れるなど新たな工夫をいろいろ重ねた。また、従来からおこなわれていた高齢者宅の雪下ろし、雪かき補助も大雪の時は回数を増やした。

さらに、除雪する道路の総延長も年々拡大させ、除排雪の徹底も図ったが、このことが除雪費の増加を招いた。私の市政の前半は四億円から七億円ぐらいだった除雪費は、後半には大雪の年が多かったこともあり十億円を超えることが度々あった。これが後に財政を苦しめる大きな要因の一つになった。

雪については毎年繰り返す除排雪だけでなく、根本的・長期的対策が必要だ。米沢市に工場のある都内のさる企業から、抜本的な雪対策に使って欲しいと五千万円の寄附をいただいたことがある。このお金を使って、山大工学部が廉価でできる屋根融雪装置を開発し、その製造を米沢で産業として立ち上げるという構想を山大の先生と検討しているところで、私の市政は幕を下ろした。雪下ろしの時期になると屋根からの転落事故のニュースが絶えないことから、引き続き取り組んでもらいたい課題である。

十二月三十一日（土）

子どもたちの病気

市長に就任して迎えた三回目の大晦日。この年から市の施設巡回を始めた。消防署・病院・水道の浄水場など、世の中が年末・年始で休んでいる間も働いている人たちへの激励である。

巡回先の一つに休日急病診療所がある。場所はすこやかセンターの西隣。診療科目は小児科と内科だが、市内の病院や開業医の先生、山形大学医学部付属病院の先生らが診察に当たっている。だから、ここは激励というよりお礼を述べに伺うのだ。待合室には毎年たくさんの子どもたちがいる。親にとっては年末・年始に診察してもらえる大変有難い施設である。

平成二十年からここでの診療を米沢市医師会・山大付属病院の協力によって、平日の夜間まで拡大し「平日夜間・休日診療所」とした。平日の夜は九時半まで診てもらえるようになった。

また、平成二十六年から市内の保育園二園に病児保育室を設置した。子どもが病気になったが仕事を休めない、他に面倒を見てくれる人もいない、そのような困ったときに預かってもらえる施設で、看護師と保育士が世話をする。どこの保育園・幼稚園に通っていても利用可能だし、小学生も三年生まで受け入れる。近年は年間二百人以上の利用があり、その一割は小学生である。

私も子育ての経験があるが、子どもの病気は親にとって本当に心配なもの。その親の不安に応えていこうという政策だった。

平成十八年（2006）二月四日（土）

看護研究発表会

米沢市立病院の講堂でおこなわれた「看護研究発表会」に出席する。看護技術の向上を目指すアカデミックな発表会である。看護師が数人単位のチームをつくり、テーマを決めておよそ一年がかりで研究し発表する。出席者は百人ぐらい。市内他病院の看護師もいるし、消防署の救急隊員もいる。そして三友堂看護専門学校で私の授業を受けていた懐かしい顔が、立派な看護師になって発表していたりもする。

午前中一杯おこなわれた発表会で私は三つのことを得た。一つは毎年出席しようと決意したことである。病院設置者である市長が聴いて最後に感想を述べることは、それだけで看護師たちの励みになるし、こちらにとっても市立病院に対する関心を一年間保ち続けるための心のネジ巻きになる。

二つ目は市役所でも同じことができないかと思ったことである。それが、後に一課一改善運動である「市役所の底力発表会」の開催になってゆく。文化センターホールで数課が業務改善の発表をする。病院の看護研究チームも特別発表として招かれる。企画運営グループも若手職員の中から選抜される。

「前の担当者から引き継いだ仕事をそのまま同じようにやって、次の人に渡すようなことをすべきではない。去年より今年、今年より来年と仕事の中身が年々進化してゆかなくてはならない」というのが私の持論であり、この催しはそれを実践し続けるためのよいバネだった。

その後、「市職員は全員が政策立案者であって欲しい」との思いから、一課一改善運動を病院の看護研究のレベルにまで引き上げた「政策研究発表会」を催したいと考えるようになった。

市民から自宅へ電話相談があった。知り合いのおばあちゃんが市営住宅で一人暮らしをしている。そのおばあちゃんは病気の兄弟から猫を預かったが、市営住宅ではペットを飼えない規則になっている。同じく市営住宅に住む人が市役所に電話をかけたため、市役所から何度も猫を飼わないようにとの電話がきて、おばあちゃんが困っている。なんとかならないかという内容だった。

翌日、担当者から話を聞いてみた。規則を守るようにおばあちゃんを粘り強く説得するという。一人暮らしのお年寄りが猫を飼うことすら禁止している規則が妥当かどうか、それを検討してみる段階が抜けている。「規則だから」と考えれば、職員は自分自身を納得させられるかも知れない。しかし、市民が納得するとは限らない。

規則はあくまで幸せな市民生活実現のための手段であり、問題があるのなら新しい規則を作る努力が必要だ。職員がそのような考えに立てるように、そして常に政策立案力の向上が図られるように「政策研究発表会」をしてみたいと思っていたのだが、そこまではいかずに私の市政は時間切れになった。

三つ目は自分の目で見た看護師たちの一生懸命さを彼女・彼らの後輩たちに伝えようと思いついたことである。毎年四月に三友堂看護専門学校の入学式に招かれて祝辞を述べることになっている。

「世の中は世代間リレーである。前の人たちの努力の上に私たちの生活があり、私たちの努力の上に後の人たちの生活がある。昔は治らなかった病気がいま治るのは、先人のたゆまぬ努力の結果だ。みんなも医療の進歩に貢献して次の世代にバトンタッチしなければならない。ここは看護学校であるから普通の学校と違って、驚くこと・たじろぐこともあると思うが、決して後ずさりしてはならない。医療の最前線に立とうとする者がバックしたのでは世の中は前進しない。まなじりを決して頑張って欲しい」と毎年学生たちを激励してきた。

二月二十六日（土）

雲井龍雄祭

「第二十一回雲井龍雄祭」に出席する。雲井龍雄は幕末の米沢藩士。官軍による徳川幕府打倒は薩摩・長州両藩の権謀術数を駆使した政権交代劇でしかないとして、戊辰戦争の折、奥羽越列藩同盟に対して檄文を書いた。

維新後に新政府転覆を企てたとして、明治三年の暮れに同志十三名と共に斬首の刑に処された。享年二十七歳。これは雲井事件と呼ばれるもので、処罰された者は五十九名に及ぶ。明治十年の西郷隆盛による西南戦争まで各地で起こった、いわゆる

「不平士族の反乱」の第一号である。雲井はまた行動する詩人でもあった。魂の叫びともいうべき彼の漢詩の数々は広く明治期の青年たちに愛唱されたという。

その雲井龍雄の命日近くにお墓の前で催されるのが雲井龍雄祭である。この祭り、実は私たち数人の有志で始めた。お墓は山形大学工学部の南側、旧七軒町の常安寺にある。門前に雲井龍雄の雪像を作り、すっぽりとお墓を覆う雪を掘って、雪洞を幾つも空けローソクを灯す。雪夜にオレンジ色の明かりが浮かび上がる中で、読経があり雲井の詩が吟じられる。

どのようにして政権を取ったかと、どのような政治がおこなわれるかは決して無関係ではない。政治に信義を求めて薩長藩閥政府を真っ向から批判し、立ち向かった彼の行動は評価されるべきものと思う。

今日の日本社会には、権威・権力におもねる風潮が蔓延してはいないか。是は是、非は非として、たとえ少数であっても権威・権力に正面から体当たりする勢力がなければ、社会の健全な発展は望めない。雲井龍雄のように「世の中の真実」を見抜き、「あるべき社会の姿」を追い求めて、自分一人でも行動を起こす人間がいつの時代でも必要だ。

雲井龍雄は刑場の露と消えてしまったが、もし雲井が生きていればと思わせるような働きをしたのが、雲井の同志・宇加地新八である。雲井より四歳下の米沢藩士。明治七年、政府は国力を強化するために広く国民から提言を募ったが、宇加地はわが国で最も早いといわれる憲法草案を建白した。主権在民、国民投票による民選議院、女性参政権などの内容が盛り込まれた、当時としては驚くほど進歩的なものだった。よほど欧米の政治制度を勉強したに違いない。この時、宇加地は雲井がこの世を去った歳と同じ二十七歳。

現在の憲法を占領軍による押し付け憲法とする人たちもいるが、宇加地の草案やその後に民間で作成された憲法私案の中には、大日本帝国憲法ではなく、日本国憲法に結びつくものが多くあることから、現在の憲法は明治初期において既に国民が求めていた憲法であるという見方もできる。

それはさておき、一身を顧みず、真実を指し示す心の磁石に従って権力を批判した青年と、開明的な新知識によって国家の新たな方向を提示した青年、このコンビは後世まで伝えるべき米沢の宝であり、わが国の若い人たちに学んでもらいたいモデルでもある。

志を持つ若者が政治家になろうとするとき、多くは政権与党から立候補しようとする。そして議員となり党に忠誠を尽くすケースがある。しかし、既存の権力の階段を上って自分の理想を実現しようとするよりも、野党にあって権力の誤りを正しながら政権交代を果たし、政治の刷新を図る方が真に力ある者の生き方ではないのか。

たとえ権力の内にあっても、わが身のためのパフォーマンスではなく、国民の利益という視点から、批判すべきものは批判し、反対すべきものは反対するのが筋ではなかろうか。

わが国の現代の政治家に欠けているのは、この気概ではないか。そのように考えると、雲井龍雄や宇加地新八の生き方がいかに大切か理解できる。雲井龍雄祭の時期も現在は四月に移り、平成三十年で第三十三回となる。現在、有志によって雲井龍雄銅像建立の準備が進められている。銅像が建ったら、雲井龍雄祭をさらに盛んにして、志ある者のモデルを若い人たちに示してゆきたい。

ちなみに、東京の皇居・桜田門の向かいに赤レンガの美しい法務省がある。そこは米沢藩邸跡であり、道路境の生垣の中に上杉屋敷跡を示すつつましいモニュメントが建っている。上杉ロータリークラブの手によるものだ。

その法務省の一角に誰でも入室可能な「法務資料室」があり、雲井事件の判決書が展示されている。東京出張の折は時間があればそこを訪ね、同行の職員へ資料の説明をしながら「雲井龍雄が現代の私たちに教えているもの」について話すよう努めてきた。読者の皆さんにも是非一度お訪ねいただきたい場所である。

オフィス・アルカディアへの企業誘致

八月十日（木）

株式会社青葉堂印刷の新社屋建設地鎮祭に出席する。同社はカレンダー印刷を主力業務とし、その製本に特殊技術を有する地元企業である。従業員は七十名を超え、全国に取引先を持っている。事業拡大によって従来の社屋が手狭になったため、オフィス・アルカディアへ立地することになった。この青葉堂印刷の進出は、その後のオフィス・アルカディア事業推進における分岐点でもあった。

同事業が立ち上がった経緯については「第一章　米沢愛」のところで述べたが、オフィス・アルカディア用地は平成十二年から分譲を開始したものの、なかなか売れなかった。私の市長就任後半年ほどして、思わぬことが判った。オフィス・アルカディアに南陽市の病院が進出してくることが内定しているというのだ。誰も知らないことである。産業部長を呼んで聞いてみると、前市長の下で決まったという。

だが、待て。オフィス・アルカディアを造成する際、田んぼの所有者に「都会から会社の管理部門や研究所を誘致する」と説明していたではないか。米沢の新たな発展という大義名分のために、協力せざるを得なかった地権者だっているはずだ。もし、地権者・議会・市民に説明してきたことと異なることを進めるのなら、事前にきちんと説明し、了解を得るべきである。そうでなければ、行政は市民の信頼を失うと思った。

オフィス・アルカディア団地の所有者である中小企業基盤整備機構（以下、機構）の他、山形大学工学部、米沢電機工業会、米沢商工会議所、元地権者などの代表者十人による「米沢オフィス・アルカディア事業検討委員会」を設け、誘致する業種の見直しをするかどうか、するとしたらどのような基準をつくるかの協議に入った。協議の途中で南陽市の病院は「協議結果を待っていては、予定の来春着工が困難になる」との理由（山形新聞）で進出を諦め、結局は既存の敷地内における増設となった。

検討委員会は誘致業種を拡大した新たな基準を定めた。それまでは明文化された基準がなかっただけに、造成地を分譲する機構、それに協力する立場の市、進出を検討する企業が共通の物差しを持つことになった。

だが、問題はこれで解決したわけではなかった。機構には早く完売したいという思惑があった。実際、この検討委員会が発足した時点（平成十六年十月）で、機構は「十年間で未利用地をなくすことが目標」（読売新聞）と述べている。早く完売したい機構と当初の目的に沿って出来るだけよい団地を作り上げたい米沢市。両者のせめぎ合いが続くことになる。

機構が同じく分譲をおこなっている弘前市や久留米市のオフィス・アルカディアへも見学に行った。そこで分かったのは、どこでも機構と地元自治体の思惑の違いから軋轢が生じているということだった。

機構からは誘致業種基準の拡大解釈によって、自動車販売会社の屋外展示場やショッピングセンター誘致の打診もあった。ショッピングセンター候補地は団地の東南角、現在青葉堂印刷の建っているところである。一番目立つところにショッピングセンターが立地すれば、いくら誘致基準があったとしても、「やはり、何でもいいんだ」というイメージを広く与えかねない。機構へ「市としては了承し難い」と伝えた。

青葉堂印刷が進出したのは、新しく定めた誘致基準に時代の先端をゆく地元企業というのも入っていたからであるが、市外資本のショッピングセンターと地元の優良企業ではイメージが全く異なる。青葉堂印刷の進出は企業立地の新しい第一歩だった。その後、オフィス・アルカディア西側はサイエンスパークとして、山形大学工学部の有機エレクトロニクス・イノベーションセンター、蓄電デバイス研究開発センター、スマート未来ハウスなどが次々と建つようになっていった。

オフィス・アルカディア事業が計画された当時、米沢市主催の先進地見学会として石川県のソフトリサーチパーク視察があった。私も地権者の一人として参加したのだが、企業団地の造成はしたものの草ぼうぼうで、立地していたのは地元の金沢信用金庫など二つだけだった。

それから十数年経って、石川県方面への出張途中、ソフトリサーチパークがどうなっているか気になり立ち寄ってみた。団地の半分が地元の金沢工業大学第二キャンパスになっていて、大学の先端研究施設がいくつも建っていた。

米沢のオフィス・アルカディアもこうありたいと願ったのだが、だんだんその流れができていった。踏ん張る時に踏ん張らなければ「何が何だかわからない」団地になったに違いない。優良農地を潰してオフィス・アルカディアを造った以上、将来にわたって米沢の発展に資する団地にしなければとの思いを強く持ち続けてよかったと思う。私が退任した翌年、運命の不思議というべきか、市長就任直後に問題化した南陽市の病院の立地が再び浮上し、決定した。しかし、それまで進出した業種によって既に団地の性格が明確になっており、病院立地がそれほど今後に影響を及ぼすものとは考えにくい。ただし、大学や企業の施設の中に一つだけ病院が入っている違和感を、企業誘致活動の際どう説明するかという課題は残る。

田んぼアート

九月三十日（土）

田んぼアート稲刈り体験に参加する。農業の大切さを農家以外の人たちにも理解してもらいたいと常々考えていた。それは農業が国民の食糧を賄っているからというだけではない。明治初期の日本国民は八割が農家であったことから、現代の日本人のほとんどが三代前、四代前は農民だったといえる。弥生時代なら日本人全員が農民だったといってもよい。

人類は狩猟・採取の次に農耕を覚えた。植物を育てて生きる糧とする、奪い合わない平和な暮らし方。とりわけ日本は「豊葦原瑞穂の国」の美称を有する農耕に最適な国である。そんな認識を市民に少しでも持ってもらいたいとの思いがあった。農家の子どもに生まれ、小さい時から田畑で親の手伝いをしていた経験もその思いの根源にはあったといってよい。

このようなことから、市内三カ所にささやかながらも市民農園を開設した。これは畑なので、次には田んぼを貸し出す市民農園を実施したいと考えた。地元の人だけでなく都会の人にも借りてもらって、常日頃の管理は農家に頼み、都会の人は都合のつく時だけ農作業にやって来る。そんな構想だったが、農林課が作った案は当時青森県の田舎館村でしかやっていなかった「田んぼアート」だった。

「貸し田んぼ」のアイディアがなぜ田んぼアートになってしまったのかと、正直なところ不満を抱いたのだが、冷静になって考えてみると、時々しか作業に来られない人へ田んぼを貸すのは、稲の管理や耕作機械の手配など問題が多過ぎて非現実的だ。それよりも品種によって色の違う稲を組み合わせて、絵を浮き上がらせる田んぼアートの農業体験の方が手軽だし楽しい。職員の方が一枚上手だと感心した。

市の農林課だけでなく農協青年部や小野川温泉観光協会などの協力で「田んぼアート米づくり体験事業推進協議会」が結成され、五月二十七日に小野川温泉近くの田んぼで田植えが行われた。選ばれた絵柄は小野川温泉を発見したとされる小野小町。市内外から小学生を中心に約二百三十名の参加があった。そして、四か月後に稲刈りを迎えたのだ。

田んぼアートは好評で、平成二十九年で十二回目を迎えた。絵柄にも上杉謙信や鷹山、伊達政宗に前田慶次と全国的に名の知られた米沢の人物が登場している。毎年様子を見に行っているが、展望台で誰とも会わなかったということが一度もない。誰かしら必ず見物客がいる。

平成二十六年七月には伝国の杜ホールを会場にして、「全国田んぼアートサミット」が開かれた。全国の田んぼアートを実施している団体が持ち回りで開催するもので、米沢大会には北海道から鹿児島まで二十五団体が参加した。サミット引き受けは最初から農林課職員の提案だった。米沢市の田んぼアートは全国二例目であったために、第三回のサミットは米沢で開催してもらえないかという声が二回目のサミットで出たのだ。

この企画に積極的な職員たちへ私は従来の常識とは少し異なる提案をした。サミットの総合司会もパネルディスカッションのコーディネーターも外注せず、農林課の職員が務める。しかも従来の暗黙ルールに従って、大事なことは男性管理職がということではなく、一般の女子職員を起用する。会場の聴衆も満員を目指して職員が人集めに汗をかく。手作りで仕事をやることによって、職員一人ひとりに力がつくと考えたのだ。

その年は米沢市関地区生まれとされる支倉常長が、伊達政宗の命で石巻市月の浦からメキシコ・ローマへ出航して四百年目に当たるため、米沢市の田んぼアー

伊達政宗と支倉常長を描き出した田んぼアート

トは「伊達政宗と支倉常長」の絵柄だった。そのため、アトラクションとして支倉常長を題材にしたミュージカル「常長の祈り」の特別公演をおこなうことにした。

米沢市では市制百二十周年を記念して市民ミュージカルを始めた。制作・指導に当たったのは仙台のＳＣＳミュージカル研究所である。そのＳＣＳが常長出航四百年記念事業として宮城県から制作依頼された作品が「常長の祈り」だ。その短縮版（三十分）を上演してもらったのだ。

出演者は米沢の市民ミュージカル出演者たちと仙台のＳＣＳミュージカル研究所メンバーで構成された。常長役は米沢出身でＳＣＳミュージカル研究所代表の廣瀬純氏である。ミュージカル上演の魅力もあって、会場は満員だった。このサミット、職員たちの奮闘ぶりが強く感じられた。

私の市政では農業政策についていろいろと試行錯誤はしてみたものの、めぼしい独自の自治体農政を打ち出すには至らなかった。農民が長い年月をかけて豊かな土壌にしてきた田んぼは大きな資源である。田んぼを田んぼとして生かす農政はできないのかと憤慨して選挙に出たことを思えば、例えば北海道池田町のワインのまちづくりのように、スケールの大きい創造的な農政に挑戦すべきだったと反省している。

この田んぼアートひとつを見ても、職員は十分な能力を持っていることが分かるので、鋭ささえあれば初めは小さくてもよいから、全国の自治体に先駆けるような米沢独自の農政にチャレンジして欲しい。

平成十九年（2007）四月十三日（金）

関根小学校の耐震化

朝、山上地区から関根小学校の子どもたちと通学バスに乗って、興譲小学校へ登校してみる。新学期から山麓・田園地帯にある関根小の児童が、市街地中心部にある興譲小で学校生活を送っているのだ。なぜ、このようなことになったのか。

文部科学省の通達により、小中学校校舎の耐震度調査をおこなった結果、関根小は数値が極めて低く、子どもたちをこのまま校舎に入れておけないということになった。そのため教育委員会から提出された対応策は、現校舎を解体して新たにコンクリート校舎を建てるか、プレハブ校舎にするかのいずれかというものだった。

既に上郷小の校舎改築計画が進んでおり、これまでの経緯から上郷小を後回しにして関根小を先にというのでは上郷地区民が承知しないだろうし、二校を同時並行で改築するのは財政上無理だし、かといってプレハブ校舎を選べば、いつ本格的なコンクリート校舎を建てる予定かを地区民に明示しなければならずで、にっちもさっちもいかない状態に立たされてしまった。

そこで相談したのが、福島大学の大学院で指導教員としてお世話になった鈴木浩教授である。先生からは「東北工業大学の阿部良洋先生に相談してみろ」というアドバイスを受けた。阿部先生には以前もお世話になっていた。

関根小の状況を仙台市八木山の東北工業大学で阿部先生にご説明したのだが、当初先生は「うーん」と言って困っておられた。そして、あれこれ独りごとを言っては思案されていたが、最後に「ちょっと待ってくださいよ」と言われて、三階建て校舎の三階部分を取り払い、一、二階を補強すれば耐震化が可能かも知れないと述べられた。

そして、「学校建築でそのような例は聞いたことがないので、チャレンジする気持ちで取り組まなければならない」とも付け加えられた。私はこの手しかないと思いながら米沢に戻り、担当部署と相談して阿部先生に工事の監修をお願いすることにした。

改修工事は阿部先生発案の方法でやるとして、工事中の授業をどうするかである。

教育委員会が興譲小への同居案を考え出した。市街地の空洞化で教室の空いている街なかの学校と、山と田んぼで囲まれた学校が合体するというのである。

三階建てを二階建てにという工法にも驚いたが、一つの校舎に二つの学校というのはさらに驚きだ。これも全国で例を聞いたことがない。当時の舛田忠雄教育長の話では、この案を受け入れるかどうか、興譲小のＰＴＡが話し合いの場を設け満場異議なく了承された時、関根小出身の母親が涙ながらにお礼を述べたという。

バスが興譲小に到着すると、正門で両校の先生たちが出迎えて児童に声を掛けていた。興譲小では工面をして、三階建てのうち二階部分を全部関根小へ譲っていた。まさに「興譲」精神の実践である。一つの学校に二つの職員室、二つの校長室という世にも珍しい形態で四月から十二月までの九カ月間学校生活が続いた。

環境の違う両校の子どもたちが交流するなかで、関根地区の田んぼで関根小と興譲小の田植え・稲刈り体験も行われた。

興譲小は街なかの学校であるから、郊外の学校と違い農作業体験のできる田んぼがない。同居生活の嬉しい副産物だった。

十一月二十五日（日）

再選

市長選挙投票日。選挙は私と元県議会議員、元市議会議長、元市議会議員の四人で争われ、私が二万三八九八票、次点候補者が一万五一二八票で、私は二度目の当選を果たした。

平成二十年（2008）一月十七日（木）

花と樹木におおわれたまち

「花と樹木におおわれたまちづくり」の計画策定委員委嘱状交付式が市役所で行われる。よく「米沢は城下町風情がない、それは大正の大火で昔の街並みが焼けてしまったからだ」と言われる。でも、本当にそうだろうか。幕末に著名な人たちが米沢を訪れ記録を残しているが、そのなかに街並みについて「十五万石の城下町とは思えないほどみすぼらしい」と書かれたものがある。（ただし、人びとの立ち振る舞いは立派だとも記されている）。

このことから推察すると、大正六年と八年の二度の大火で米沢の街は半分ずつ焼けてしまったのだが、焼けたのは城下町としては立派とは言えない昔ながらの街並みだったのではなかろうか。

大火の跡に建てられたのが、織物関連の仕事を営む家の立派な屋敷である。瓦屋根の門がある。門をくぐると同じく瓦葺きの母屋、土蔵がある。雪国だから瓦葺は春先には補修が必要だ。それでも、基幹産業として米沢の経済を支えていた米沢織の関係者は、瓦葺文化に憧れて家を再建した。それが米沢の街に格式ある風情を与えていた。

私が小中学生だった半世紀前、茅葺屋根ばかりだった農村集落から米沢の街（城下と呼んでいた）へ出かける度に、カルチャーショックを覚えた。その大きな要因の一つがこの瓦屋根だった。今でも織元として活躍している家、米沢牛の料亭に業種転換して繁盛している家など、瓦葺の立派な屋敷の残っているところがあるが、かつてはそのような家々が街なかの至る所に建っていたと想像していただければよい。

繊維産業の衰退と共にそれらの屋敷が年々取り壊され、米沢の街らしい風景・情緒が失われてきたのだ。ならば、どうするか。魅力ある新しい風景・情緒を生み出してゆかなくてはならない。それが「花と樹木におおわれたまちづくり」計画だった。

ヨーロッパにゆくと、花でおおわれた小さな街が幾つもあるという。また、国内には樹木でおおわれた街もある。よくテレビに出てくる角館がそうだ。個人的体験では東京の世田谷区成城もそうだった。学生時代住んでいた寮は成城のすぐ隣だった。成城の街は大正時代に成城学園を中心にして計画的に開発されたもので、整然とした並木と生垣が綺麗だった。長い時間をかけながら、米沢をそれらの街のように変えてゆきたいという夢があった。

職員たちにこの夢を共有してもらうため、山形県の最北、金山町を何度か一緒に視察した。同町は「まちづくり百年計画」を立て、金山杉・金山大工・金山式住宅の三点セットによる住宅改築を推奨し補助金も出している。その結果、とりわけ町の中心部は景観が年々変わってきている。

同町の役場職員の説明によると、金山町を含む最上地方では、地元に残りたいと希望する高校生の比率は金山町が一番高いという。美しいまちというのは、まちへの愛着、誇りを住民に抱かせるのだ。ましてや、その美しさが自分たちの手で形成されてきたものなら、なおさらである。

「花と樹木におおわれたまちづくり」の計画は学校をはじめとする公共施設の緑化のあり方、各家庭の緑化など広範囲にわたって立てられ、期間も三十年に及ぶものだった。しかしながら、いま振り返ってみると遅々として進まぬ事業だった。住民が自発的におこなっていた道路沿いの花植え活動に予算が付き運動にはずみがついたり、街なかの公園（西條天満公園）に残る鎮守の森のような存在が重要視されるようになったなどの効果はあったものの、「目に見える」変化・効果には乏しかった。

このことについては特に次の二点で反省がある。一つはもっと的を絞るべきだったということである。手始めに街なかのどこか一区画を集中的に緑化してみる。そして、これが徐々にではあるが同心円的に広がってゆくのだと説明すれば、市民もイメージしやすかったはずだ。「杜の都仙台」といっても、仙台市の街全体が杜でおおわれているわけではない。二つの大通りの鬱蒼とした欅並木が杜の都のイメージを醸し出しているのだ。

その欅並木にしても、江戸時代からあったわけではない。戦後に植えられたものだ。「忘れかけの街・仙台」という郷愁感の溢れる本を持っているが、昭和四十年に撮影された定禅寺通りの欅並木は本当にささやかな姿だ。それが半世紀の年月を経て、堂々たる大木になっている。

もう一つは市長と職員が夢と憧れを共有するという点が弱かったことだ。日本にも街を花でいっぱいにしようと努めている自治体はあって、住民たちがヨーロッパのまちへ視察に行き、理屈抜きの感動を覚えて、わがまちの緑化に取り組んでいる例を聞いたことがある。

置賜地方でも、三市五町で構成する置賜広域行政事務組合がかつて「フラワー探検隊」事業をおこなったことがある。ヨーロッパの花いっぱいのまちを視察して来るのである。人間には見ないと理解できない、イメージできないということがある。事業立案の職員が先ず見て、感動して、わがまちでも、という流れが必要だったのではないか。そして、次に市民も見て、感動して、わがまちでも、という連鎖である。

「花と樹木におおわれたまちづくり」はこれからの新規巻き直しに期待したい。市民参加によって市民のまちに対する本物の愛着が生まれる、子どもたちがこのまちに住み続けたいと思う、訪れた人に感動を与え、また来たいと思ってもらえる。「花と樹木におおわれたまちづくり」は未来に向けての財産づくりである。職員の頑張りに期待したい。

吉良町との交流

吉良上野介の領地だった愛知県吉良町の町民ツアー（大型バス一台分の参加者）を出迎える。夜は交流会に出席し、翌日は私が上杉家御廟所・法泉寺・林泉寺など吉良家関連の史跡をガイドした。

上杉家と吉良家は三重の縁で繋がっている。（55ページの上杉氏略系図参照）まず上杉家の姫（景勝の孫）が吉良上野介に嫁入りした。兄の綱勝（三代藩主）が二十七歳で急死し、生後七ヶ月の吉良夫妻の息子が上杉家の跡取りになった（四代藩主・綱憲）。やがて吉良家の跡継ぎ息子が亡くなり、綱憲の子が養子に入った（吉良義周・よしちか）。だから、あの晩吉良邸にいたのは隠居した上野介と十七歳の若殿義周である。

米沢市民の真面目過ぎる市民性から、忠臣蔵で悪役にされている側同士の交流には引け目があったのか、米沢市はこれまで吉良町と交流をしてこなかった。だが、忠臣蔵はおそらく日本民族が存在する限り上演され続ける。芝居と史実は違うにもかかわらず、このままだと米沢市民はいわれなきコンプレックスを抱き続けなければならない。

それよりも吉良町と堂々交流を深め、あの事件の真実を世に訴えた方がよいと考えた。吉良上野介は上杉鷹山の祖母の祖父に当たり、領地では名君の誉れが高かった。忠臣蔵の国民的人気を逆手に取って、真実をアピールしてゆく方が米沢としては得策だ。市長就任の翌年、すなわち平成十六年の五月に吉良町役場を訪問し、当時の山本一義町長と面会した。そして、米沢市民と吉良町民の交流が始まった。

吉良町は平成二十三年四月一日に隣接する西尾市と合併したが、合併を控えた三月末、当時東日本大震災の被災地支援・避難者救援に当たっていた米沢市に対して見舞金三百万円を送ってくれた。同時に役場職員・町民からもおよそ百万円の見舞金をいただいた。そして、平成二十五年十二月十五日の西尾市制六十周年記念式典において、西尾市と米沢市の友好都市締結式が行われた。

小さな町が大きな市と合併すると、次第に町のコンセプトを失ってしまうのが一般的である。それは小さい方の自治体が合併をためらう理由の一つでもある。しかし西尾市の場合、吸収された町が掲げていたコンセプト（善政を施した名君吉良上野介の領地）を市全体のコンセプトとして広げようというのだ。他にあまり類をみない例である。周りの町を吸収合併して大きくなった市にとっては、参考にすべき例と言ってもよい。

締結式の後、榊原康正西尾市長に「これを機に吉良サミットをやりませんか、最初は言い出しっぺの米沢で。面白かったら、西尾でもやるということでどうですか」と私から提案した。

翌年の十二月、約束どおり友好都市締結一周年を記念して、米沢市の伝国の杜ホールで「吉良サミット」を開催した。はじめに西尾市岩瀬文庫の学芸員による基調講演。続いて西尾市長の榊原康正氏、一関市長の勝部修氏（浅野内匠頭は一関藩田村家で切腹）、諏訪市長の山田勝文氏（義周は諏訪に流された）と私の四人が登場してのパネルディスカッションをおこなった。

このパネルディスカッションもそれに先立つ基調講演も、従来の忠臣蔵のフィクションを覆し事件の真実に迫ろうとするもので、満員の会場は忠臣蔵とは真逆の話に沸いた。その熱気を受けて次の年の十二月には西尾市で吉良サミットが開かれた。こちらは米沢のものより豪華版だった。

元ＮＨＫアナウンサーで歴史番組によく登場する松平定知氏をコーディネーターに

して、上杉家当主・上杉邦憲氏、徳川宗家当主・徳川恒孝氏、西尾市長・榊原康正氏による鼎談もおこなわれた。やはり市民の関心は高く、会場の西尾市文化会館には千人近い聴衆が集まった。

三年目のサミットはなかったが、西尾市の職員の間では「五年に一度でもよいからやってみたい」という声が出ているという。米沢・西尾両サミットの盛り上がりで職員の心に火が付いたようだ。

あの夜、吉良義周は薙刀の短いのを抜いて浪士たちと散々に切り結んだ。数え年一七歳といえば今の高校一年生。芝居はもとよりテレビ・映画でも「戦国を遙かに過ぎ去った元禄太平の世に、あっぱれ主君の仇を討った武士の鑑・四十七士」とされているが、本当は「突然襲った武装集団と刃を交えた吉良義周。太平の世にそのような振る舞いのできる大名の子が他にいるだろうか。さすが上杉謙信・景勝の血筋、あっぱれというほかにない」とすべきであろう。

義周は事件の四年後、諏訪において病死した。享年二十一歳。彼がその短い生涯においてなしたのは、「上杉とはいかなる家か」ということを文字どおり命を懸けて天下に示したことではないだろうか。

東部ひかり保育園

東部ひかり保育園の保護者説明会に出席する。米沢市には吾妻・緑が丘・東部ひかりの三つの市立保育園があり、そのうち東部ひかりは老朽化が著しいため、市では改築せず民間の保育園に補助を出して新規開園を促し、東部ひかりの在園児は新園に吸収してもらう方針だった。

しかし、それには根強い反対があった。まず、保育士たちの反対。「公立保育園を減らすな」という声である。三園のうちの一園が無くなれば、残り二園もいずれ廃園されるのではとの危惧もあったと思う。職員十数名ずつと語り合う「市長ミーティング」に出席した保育士たちには「将来は全園廃止という結論があるわけではない、公立でなければできない保育、私立のモデルとなり得る保育というものがあれば、二園は残す。それを現場で考えて欲しい」と繰り返し話した。

実際、現場を持たない行政は危ういと考えていた。現場を知らなければ理念だけ、法律・規則だけで行政が回ってしまう危険性がある。同じ地方自治体であっても、市町村というのは都道府県と違い、直接住民生活と「がっぷり四つ」に取り組んでいる。

その分だけ現場感覚が重要だ。米沢市の保育園は私立がほとんどであるからこそ、行政は現場（市立保育園）を持っていた方がよいのだ。

もう一つは保護者からの反対である。東部ひかりに限らず他の二園も同様だが、保護者と保育士による手作り感が溢れていた。当然、歴代の保護者たちに「自分たちが築き上げてきた保育園」という自負と愛着がある。それが廃園となれば、自負と愛着も捨て去られてしまうような感覚に陥るのだ。

保護者説明会で市からの説明を冷静に聞いてもらうために、出勤する保護者が子どもを保育園に預けに来るのを、市長の私と保育園を管轄する健康福祉部長とで出迎えることにした。

二週間、毎朝玄関で「おはようございます」と親子を迎え続けた。私たちに対し「少なくとも、この人たちは悪い人ではない」という信頼感を持って説明会に臨んでもらえれば、率直な話し合いができると思ったのだ。声のかけ方は市役所通用口の守衛室にとりわけ明るく元気に挨拶をする守衛さんがいるので、この方を見習ってみた。私たち二人は子どもらにすぐなつかれ、毎朝が楽しかった。

保護者説明会では大方の保護者が市の案を了承したが、どうしても応じられない、子どもが卒園するまではこの園で保育を受ける権利があると主張する保護者も複数いた。その保護者たちとはさらに話し合いを続けたが理解は得られず、ほとんどの子どもたちが近くに開園した「そらいろ保育園」に移った中、了承できない家族の子どもたち二人が卒園までの残り一年間在園した。横浜市で同様の問題が訴訟となり市が負けた判例もあるため、閉園を一年延期せざるを得なかった。

しかし、この一年延期によって園舎の解体工事も延期しなければならなかったことが大きな幸いとなった。予定されていた吾妻保育園の改修規模が想定より大きくなり、保育しながらの改修が困難であることが判った。そこで工事中の代替園舎として東部ひかり保育園園舎が使用され、それが終了すると、今度は東日本大震災で米沢市に避難している家族のための臨時保育園として三年間使用することになった。

あの時、すんなりと子どもたち全員がそらいろ保育園に移っていれば、園舎は計画どおりの時期に解体され、このように役立つこともなかった。世の中は何が幸いするか分からないものである。

また、二週間保育園に通って説明会に出るという過程で、園長の人望が保護者から大変厚いことを知り、定年退職した彼女に人権擁護委員をお願いした。市職員退職者が人権擁護委員に就任するのは通例としてあったが、保育士という現場の職員が就任したのは彼女が初めてなはずである。子どもの人権、親同士の人権に関して、現場での体験を生かして欲しかったからである。

さらに、ずっと後のことになるが市長ミーティングで、ある保育士から「保育士は生まれた子どもをお預かりする仕事だが、その前にどうしたら子どもがたくさん生まれるか、少子化対策をやってみたい。市には市立病院もあるし、健康課、こども課、総合政策課もある。なんでもあるのだから、そういうところと一緒になって現場の私たちが考えれば、いい政策ができるに違いない」という発言があった。職員からついにこのような意見が出るようになったかと思うと、感動がこみ上げてきた。

おしょうしな観光大使

二月十九日（火）

おしょうしな観光大使のあき竹城さんが市役所へ来訪。あきさんが男性アナウンサーと連れ立って米沢を歩くテレビ番組の冒頭で「米沢のおしょうしな観光大使」と自己紹介されたり、グルメ番組で「米沢牛は美味しい」とコメントされたりと、米沢のＰＲに努めてくださっているので、お礼を申し上げた。

おしょうしな観光大使の制度は平成十八年三月から始まった。米沢市にも観光大使をと発案したところ、観光課からは「市長、もう観光大使の時代は過ぎ去りましたよ」との返事が返ってきた。本当だろうか。私は二番煎じには興味が湧かない方なのだが、観光大使についてはまだまだ効果がありそうな気がした。そこで「そう言わねで、まずやってみんべ」ということになった。

大使は米沢出身もしくは米沢にゆかりのある著名人にこちらからお願いする型と一般の人が自ら手を挙げる型の二種類に分け、前者はダニエル・カールさん、五大路子さんの二人からスタートし、ますむらひろしさん、あき竹城さん、アツキヨさん、ラズウェル細木さん、角田信朗さん、眞島秀和さんとだんだん増えていった。なお、著名人の観光大使に相応のギャラは出ていない。交通費の他は場合によって薄謝をお渡しするぐらいなのだが、各自、色々な場で米沢のＰＲをしてくださっている。

この観光大使に関連した面白い話がある。平成二十二年のある日、仕事を終えて家に帰ったところ、妻と娘が興奮して私の帰りを待っていた。たった今、テレビのバラエティ番組で、あるタレントから「磯野貴理子は○○県の観光大使を務めていながら、山形県に入り浸っている」と暴露されたところ、本人は「だって、米沢牛が美味しいんだもん」と応じたというのだ。

翌日、観光課に磯野貴理子さんへすぐ米沢牛を送るよう頼んだ。五千円分の牛肉を贈っても、テレビで話してもらえるなら安過ぎるというものだ。数日後、彼女から「これからも米沢牛をＰＲしていきます」という礼状が届いた。

それから三年が経った平成二十五年の秋、貴理子さんがラジオの深夜番組で「米沢市から米沢牛を贈られたことがある」と話していたと友人から聞いた。翌日また、貴理子さんへ米沢牛を送ったところ、届いた礼状に「近々、米沢の温泉へ行きます」とあった。

そして十一月二十五日、本人がひょっこり市役所にやって来た。ちょうど、こちらのスケジュールも空いていたので、少しの間お茶飲み話をした。この機会におしょうしな観光大使を依頼するという手もあったのだが、彼女が観光大使を務める○○県は日本三大和牛の産地であることを考えると、遠慮せざるを得なかった。

また、観光大使に著名人依頼型と一般人立候補型のほか、米沢型もつくった。西尾市に行った時のこと。宿泊先のホテルで、ある従業員が私の到着を待っていた。米沢の市長に会いたかったという。なぜか。その人の名字が米沢だから。長い間、米沢市に親近感を覚えていたそうである。そういえば、何かとお世話になっている東京都荒川区の秘書の方も米澤姓で、逆にこちら側が親近感を持っていた。

この親近感、観光大使制度にも活用できるのではないかと考えた。全国に米沢姓の人はいるようだが、そんなに多くはないはずだ。(米沢市の電話帳に米沢姓は載っていない)。そのなかで、米沢市に親近感を抱いている人に観光大使になってもらい、米沢市をＰＲしていただく。もちろん、米沢という屋号で商売されている方でもよい。

少しずつ、熱い気持ちの米沢さんが集まり始めたところで私の市政は終了。市長を退任するとき、観光大使担当の職員に「このようなことをやっている自治体はおそらく他にないと思う。アイディア次第でいろいろな展開が可能なはずだから、頑張ってもらいたい」と後を託した。

心の中の広い世界

三月十八日（火）

市内小学校の卒業式に出席する。この年出かけたのは三沢東部小学校。卒業生十七人の小さな学校だ。

市長になって初めての卒業式を迎えたとき、小学校は卒業生十人の三沢西部小学校に出かけた。小中とも小さな学校・郊外の学校から優先的に回ることにしたのだ。従来、市長は大きな学校・中心部の学校だけを回る慣例だったが、それを打破しようと思ったからだ。初めの頃は受付で職員から「うちの学校でいいんですか」と驚かれたり、校長から「何かあったんですか」と不審がられたりもした。

そして、祝辞。市長と教育委員会連名のものが読み上げられるのだが、従来は教育委員会の職員が書いていた。職務上書く文章であるから、どうしても当たり障りのないものになってしまいがちだ。そうではなく、子どもたちへ心からのメッセージを贈れるよう、私が原稿を書いて教育長から了承を得る方式に改めた。この年の小学校祝辞はこうだった。

祝辞

春の陽射しに周りの山々が白く輝き、里にはまだ雪の舞い散る米沢の三月。本日卒業を迎えられた皆さん、誠におめでとうございます。

また、ご列席のご家族、教職員の皆さまのこれまでのご労苦に敬意と感謝の意を表しますと共に、ご来賓各位の日頃のご協力に対し、厚くお礼申し上げます。

さて、卒業生の皆さんは六年生の国語の授業で、宮沢賢治の「やまなし」という作品についてお習いしたと思います。宮沢賢治はこの他にもいろいろな童話を残していますが、その中の一つに「虔十公園林（けんじゅうこうえんりん）」という作品があります。

お父さんやお母さん、そしてお兄さんたちと田畑を耕して暮らしている虔十は、家のうしろの野原に杉苗を七百本も植えます。その野原は土の下が固い粘土で、杉の育つような土地には思えませんでしたから、みんなは虔十をばかにして笑いました。それればかりでなく、近くに住んでいる人から意地悪もされました。でも、虔十はまったく気にしないで木を大切に育てます。

残念なことに虔十は病気で亡くなってしまうのですが、虔十の杉林はみごとに育ち、長い年月が経って林の周りに家が立ち並び、町の様子がすっかり変わっても、みんなの大事な公園として愛され続けた、というお話です。

この作品は、今からおよそ八十年前に書かれたものですが、似たような物語がフランスにもあります。「虔十公園林」が書かれて三十年ほど後、ジャン・ジオノという小説家が「木を植えた男」というお話を書きました。フランスの荒れ果てた高原に、長い年月をかけながら独りで木を植え続け、みんなが楽しく暮らせる豊かな土地に変えていった羊飼いの男の物語です。

日本の虔十もフランスの羊飼いも自分のことだけを考える人ではありません。自分でしてみたいと思ったことを黙々とやり続け、それが結局はみんなの幸せにつながっています。こういう人は、外からは見えませんが、心の中にとても広い世界を持っているのだと思います。

中学生になると勉強も厳しくなりますし、部活もあります。それらに一生懸命打ち込むのもよいことですが、人間は一生懸命になり過ぎると「勝ち負け」がとても大事なもののように見えてきて、つい、自分のことしか考えられなくなってしまいがちです。

卒業生の皆さんには、心の中に、みんなの幸せにつらなるようなことの出来る「広い世界」を持てるようになっていただきたいと思います。

中学校生活は青春の入り口です。実りある三年間を送り、皆さんが人間として大きく成長されることを期待いたします。

平成二十年三月十八日

米沢市長　安部三十郎
米沢市教育委員会

謙虚に黙々と自分のできることをやり続けて、まわりを創造的に変えてゆく生き方もあることを、子どもたちに知って欲しかった。

五月七日（水）

中学校給食

中学校給食の様子を見に、南原中学校へ行く。新学期からいよいよ南原中学校と第六中学校で給食が始まったのだ。市長当選前、市内を一軒ずつ回っている際に、お母さんたちに「何か市政への要望は」と尋ねると、「中学校給食をしてもらいたい」という声が結構あった。だが、たいていはその後に「でも、だめでしょうね」と続く。

行政への諦めなのか、「女は表立って意見を述べるべきではない」という社会の意識がまだ残っていたのか、たぶんその両方だったのではないかと思う。いずれにしても保護者は内心で中学校給食を望みながらも、その思いが結集して運動のうねりとなることはなかった。

中学校給食をしたいと思った。市長に当選した翌年、学校関係者や有識者による給食検討委員会を設置して、小学校も含めた給食全体の在り方について検討をお願いした。市長の独断で給食の実施を決めたりはすべきでないとの考えからだった。だが、半年後に出た結論は「親の手を省くだけの中学校給食は避けたい」だった。肩透かしを食ってしまった。

今にして思えば、市長の独断はよくないという考えは間違っていなかったとしても、市民、保護者はどうだったのか。せっかく全戸訪問の中で保護者の声を聞いているわけだし、職員との対話でも現場の調理師から「親子方式なら中学校給食も可能だ」という意見があったのだから、合併問題の時に全有権者対象のアンケート調査を実施したのと同じように、給食問題も全保護者へのアンケートからスタートしたら、どうだったろうか。保護者の意向を踏まえたうえで検討委員会を開いたなら、もっと違った結論になったかもしれない。

だが、検討委員会の結論が出た後に保護者から不満が出てきた。期待が裏切られて初めて保護者たちの心に火が付いたといえる。幸いなことに先の検討委員会では「中学校の給食は不要」とは言っていない。二、三年後に再度検討するのが望ましいとして先送りされただけなのだ。

検討委員会の結論が出た次の年、委員が入れ替わって第二次の検討委員会が発足した。今度は、中学校給食は実施すべきである、学校給食本来の目的から自校方式が望ましいが、現実的には親子方式で可能なところからおこなうべきであるとの結論が出された。

この結論には正直二つの点でほっとした。一点目はもちろん中学校給食を実施すべしとなったこと。二点目はセンター方式ではなかったことだ。私が市長に就任する前から、議会には小学校給食を学校ごとに作る自校方式から、給食センターを建設し一括調理して各校に配送するセンター方式に変えた方がよいという声が少なからずあった。

たしかにセンター方式なら初期の建設費はかかっても、その後の運営費は安く済むかもしれない。が、調理師たちの創意工夫、地元農家と手を結んだ地産地消、子どもたちへの食育教育といったものが失われてしまう危険性がある。給食は自校方式が望ましいというのは第一次の検討委員会の結論を踏まえたものなので、その点では第一次検討委員会の答申も有難かった。

親子方式は自校方式ほどではないにしても、まだ自校方式のよさが残せる。なによ り給食は調理師の腕の見せどころだ。家庭で夫婦喧嘩を目の当たりにし、悲しい顔で登校してくる子。授業で先生に当てられて答えられず、しょんぼりしている子。子どもは一人ひとり何かしらの悩みを抱えているはずだが、調理師は子どもみんなに喜びの時間を与え、元気づけることができるのだ。

その年(平成十九年)の十一月に行われた市長選挙、すなわち私にとって二期目の選挙では、四人の候補者のうち私ともう一人が選挙広報に公約として中学校の給食実施を掲げた。そして私が再選された。

当選してすぐ中学校給食の準備に入った。だが、事務方が動かなかった。給食室の広さが中学校分を作るのに狭い、法律で定められた基準に満たない、から始まって様々なハードルが乗り越えられないというのだ。公約では「来年四月から順次実施」であったが、暗礁に乗り上げてしまった。

そのとき力になってくれたのが現場の調理師たちである。「法律がどうであろうと、現場で働いている私たちができると言っているのだから、できないはずがない」というのだ。休日に市役所の庁議室で事務方と調理師たちの討論会もおこなった。

私は検討委員会の答申に従って公約を掲げたわけであるが、「選挙で勝った以上、何も言わずに公約どおりやってくれ」ではなく、事務方が乗り越えられないと思っているハードルが本当に乗り越えられないのか、現場の知恵を借りてよく検討してみることが大事だと考えたのだ。結局、小学校の調理室を改修しながら、四年かけて順次実施する計画ができ上がった。公約どおり選挙の翌年にまず二校の実施に漕ぎつけた。

南原中学校では生徒たちと給食も食べてみた。食べながら教室の壁を見ると、短冊に子どもたちの目標が自書してある。「勉強を頑張る」「部活を頑張る」というものが多いなか、「三年生としての自覚を持つ」というのが一つだけあった。ほぉと感心して、あの目標に書いてある名前の◯◯さんて、どの子ですか」と隣に座っている女子生徒に尋ねたら「私です」との答えが返ってきた。

市長退職の数日前、調理師を代表して一人の職員が面会に訪れ、「少し早いのですが」と言って「思い出の給食レシピ集」を私に差し出した。これは小中学校を卒業する子どもたちに、調理師たちが給食メニューの中から幾つかを選んで編集し、記念品として毎年贈るものだ。私にとってもかけがえのない記念品だった。

八月四日（月）

帝人九十周年

市民文化会館において、帝人株式会社創立九十周年記念事業「コバケンとその仲間たちオーケストラ」の演奏会が催される。

大正時代の初め、絹織物のまち米沢で画期的な出来事があった。創設間もない米沢高等工業学校（現山形大学工学部）の秦逸三教授が、わが国で初めて化学繊維の製造に成功したのだ。当時は人造絹糸と呼ばれていたが、現在の用語で言えばレーヨンである。そして舘山（現米沢三中敷地）に帝国人造絹糸株式会社が産声を上げた。すなわち、帝人の誕生である。

帝人はその後、瀬戸内海に面した広島、岩国、三原へと工場を建設し、米沢工場は創業十三年目の昭和六年に閉鎖された。それ以来、米沢市民には嘆き節が残った。「あのまま帝人がいたら」である。

しかしながら、嘆き続けても何も生まれない。それより、帝人に戻ってきてもらう運動をすべきだ、新しい分野で事業を起こす時には米沢でやって欲しいという働きかけを始めようと考え、折りに触れて帝人本社を訪問するようにした。それまで米沢市は特に帝人と交流をしていなかったが、会社勤めの経験から企業にとっても原点回帰は大切なことであり、いつ

帝人（株）三原事業所にて。秦逸三胸像は現在、米沢の松が岬公園に移設

の日か必ず実現すると思った。

そして、帝人創立九十周年の年を迎えた。帝人は五年に一度、米沢の街を見下ろせる舘山公園で碑前祭をおこなってきた。同公園には帝人の大物社長だった大屋晋三氏の筆による「人繊工業発祥之地」という大きな石碑が建っているのだ。帝人発祥ではなく人繊工業発祥という表現に帝人の誇りが感じられるが、九十周年はその碑前祭の年でもある。

しかも記念イベントが用意されていた。「コバケンとその仲間たちオーケストラ」のコンサートを碑前祭に合わせて米沢でもおこなうというのである。コバケンこと小林研一郎氏は世界的に著名な指揮者で、知的障がいを持つ人たちに生の演奏を聴いてもらうためのボランティアオーケストラを組織し、活動しているのだ。入場無料。整理券は帝人と取引のある東北整練株式会社が配る手筈だった。

昼に碑前祭があり、夜にコンサートが催された。千席の文化会館に千二百人が詰め掛けた。ゲストには、かつて一世を風靡した劇画「ベルサイユのばら」の作者池田理代子さんが歌手として登場。バイオリンには新進気鋭の瀬崎明日香さんが客演。そして、米沢四中吹奏楽部も。オーケストラのメンバーはほとんどが若者たちで、会場は大変な盛り上がりだった。

コンサート終了後に帝人主催の慰労会が文化会館向かいのホテルサンルートであった。お開きになると、オーケストラメンバーは飯坂温泉に向かうべく、「まちの広場」西側に横付けしてあるバスに乗り込んだ。手を振って見送る私たち。そして、窓から手を振るオーケストラメンバーたち。待てよ、これはあの時と同じ光景ではないか。

十九年前の十一月、日本にフランスのオーベルニュ・ストリングス・オーケストラがやってきた。指揮者はバイオリニストとしても有名なジャン＝ジャック・カントロフ、客演はわが国チェリストの第一人者藤原真理さん。米沢でも私たち米沢日仏協会が主催して文化会館でコンサートが開かれた。

前日の歓迎会、その後の二次会ですっかり打ち解けていた私たちは、演奏後にまちの広場西側に横付けされたバスに乗り込んだメンバーを、手を振って見送った。窓から身を乗り出して、やはり手を振りながら別れを惜しむフランスの若者たち。

「コバケンとその仲間たちオーケストラ」を見送った後、演奏会チラシをもう一度読み直した私は「あっ」と思わず声を上げてしまった。瀬崎明日香さんのプロフィール紹介の欄に、なんと「ジャン＝ジャック・カントロフに師事」と書いてあったのだ。

しまった、気持ちが浮わついてしまっていて、読み落としたのだ。ちゃんと読んでいれば、慰労会でカントロフにまつわる楽しい話もできたのに。惜しいことをしたと悔やまれた。

ともあれ、米沢市民への帝人からの大きな贈り物に対して、何かお返しをしなくてはという気になった。来年は市制百二十周年。文化センターホールあたりで、帝人誕生の演劇を市民手作りでやるのはどうだろうか。ささやかでも構わない。帝人が米沢で生まれた経緯を市民に広く知ってもらうだけでいい。それを帝人役員にも観てもらうのだ。

幸い米沢市の秘書広報課長は若い頃、市内のアマチュア劇団に所属する演劇青年だった。課長に、私と課長が共通に存知上げている脚本・作曲のベテランの方（米沢在住）へ相談に行ってもらった。「間に合わせのようなことはやらない方がよい」という手厳しい返事だった。馬鹿なことを考えてしまったと直ぐアイディアを撤回したが、これで終わりではなかった。

平成二十一年（２００９）一月四日（日）

感謝したい。

「天地人」の放送

待ちに待ったＮＨＫ大河ドラマ「天地人」の放送が始まる。十数年の間、ドラマ実現のため努力を続けてこられた「直江兼続を大河ドラマに推進する会」の方々に感謝したい。

わずか五歳で主・喜平次様（上杉景勝）の近習に召し出され、泣く泣く親と別れる与六（直江兼続）。修行の場となる寺（雲洞庵）で謙信、喜平次、そして与六を近習に選んだ喜平次の母・仙桃院と対面した与六は「わしはこんなとこ、来とうはなかった」と言い放つ。与六役・加藤清史郎くんのこのセリフ、名演技が大きな話題となった。

米沢は大河ドラマに恵まれている。市制八十周年の年には上杉謙信の生涯を描いた「天と地と」、百二十周年では「天地人」、その中間に「独眼竜政宗」。「武田信玄」「風林火山」においても上杉謙信は登場人物として不可欠だったし、何作もある忠臣蔵ものでも上杉家は必ず出てくる。「八重の桜」にも米沢の場面はあった。「獅子の時代」では一回分全部が雲井龍雄（配役・風間杜夫）の話だった。

まさに米沢は他に類をみない歴史の宝庫である。これを観光資源として生かすことが肝要であり、そのためには市長も歴史についての深い知識を持たなくてはと心掛けてきた。

「天地人」の放送はこれまでに見たこともない数の観光客を米沢市にもたらした。伝国の杜周辺は毎日がお祭りのような光景だった。そして、市民の温かいエピソードがあちらこちらから聞こえてきた。

そのなかで秀逸だったのは、米沢で育った東京の方からお聞きした話。米沢に出かけた知人が、街からタクシーで白布温泉へ行くのに中型しかなく、止むを得ず乗ったところ、間もなく同じタクシー会社の小型車が向こうからやってきたので、運転手さんが料金の安い方に乗り換えるよう勧めてくれたとのこと。

米沢市民はドラマのテーマから「愛と義のまち」という新たな旗印を手にした。そして、この旗印の下に市民が一丸となって行動する日が、やがて訪れるのだった。

九月二日（水）

上郷小学校の改築

上郷小学校の校舎改築工事安全祈願祭に出席する。上郷小改築の道程は飛び越えなくてはならないハードルの連続だった。

最初のハードルは第四中学校との改築優先順位。上郷地区から「木造校舎が老朽化しているので、改築してもらいたい」という要望が出ていたのだが、四中学区から「コンクリート校舎が劣化していて危ない、改築して欲しい」という要望が浮上してきて、上郷小が先か、四中が先かという状況になった。

市長の立場を利用して地元の学校を優先させたなどと思われたら、私を信じてこれまで応援してくれた人たちに申し訳が立たない。公正に決めなくてはならない。ここは専門家に科学的・客観的な判断を仰ぐのが一番だと考えて、福島大学の鈴木浩先生に専門家の紹介をお願いした。先生は東北大学の建築科で同級生だった東北工業大学の阿部良洋教授（コンクリート建築が専門）と東北大学の山田大彦教授（木造建築が専門）に頼んでくださった。

平成十六年三月六日、両先生が既に調査済の基礎データを手に上郷小、四中を一時間半の予定のところを四時間かけて調査された。春にはまだ遠い雪の時季。学校は休みで、とても寒かったことを覚えている。ほどなく、両先生から木造校舎の方が危険度は高く、先に改築すべきとの判定書が届いた。その判定によって上郷小を先に改築することとし、議会も異論なく了承した。

二番目のハードルが関根小緊急耐震化に絡んだ問題。そして三番目のハードルが校舎の場所だった。「分校は廃止してもよい。その代り新校舎は分校と本校の中間（田んぼ）に建てるべきだ」と主張する派と「人口密度を踏まえて現在地（住宅地）に建てるべきだ」という派に分かれて、上郷地区は意見が纏まらなかった。

結局、校舎改築期成同盟会から市に出された要望書では、改築場所は両論併記で市と教育委員会に一任された。が、要望書提出がなされた市長応接室でも両派の代表者が口論する一幕があった。

教育委員会は現在地という結論に達したが、私は地区全体が納得するのは難しいと感じた。結論が問題なのではなく、そこに至る論理構築が問題だと思った。市長就任前、私は上郷小の歴代ＰＴＡ会長で構成する改築期成同盟会事務局の一員だった。地区内で何度も開かれた会合にも出ていたが、教育委員会の論理は地区両派がそれぞれ主張してきた事由を組み合わせて構築している。

両派が噛み合わない事由を述べあって纏まらないのであるから、教育委員会の論理では、主張の通った派が万歳を叫び、通らなかった派が不満を持ち続けるだけとなる。

どちらの派も納得するためには、いままで出てこなかった事由に基づく新たな論理構築が必要だと教育委員会に提言した。

教育委員会では山形大学と福島大学から教育、建築両分野の専門の先生を招いて、「子どもたちにとっての教育環境とは何か」について勉強会を行い、改めて現在地という結論を出した。

地区民の話し合いでは、教育環境というのはもっぱら通学距離のことだったが、学校は人々が生活している社会の中にあるのが望ましい、人々の目の届く所にあれば防犯上も安心できるという観点に立つ結論だった。これは興譲館高校の移転にも当てはまることだったのではないかと思った。教育委員会が結論を出して以降、地区では特に異論は出なかった。

安全祈願祭に出席した時の心境を「自由の風」に書いたので掲載する。

九月二日、教室から運動会の応援練習や九九暗唱の声が聞こえてくる中、上郷小学校建設の安全祈願祭がありました。神主は上郷小の元校長先生。祝詞（のりと）を聴きながら、私も同小で過ごした日の思い出に浸りました。

あれは確か二年生の時、身体検査（健康診断）がありました。今から半世紀も前のその頃は、まだパンツを買って貰えない子どももいました。担任の先生（三十代の女性）が助け舟を出して、「パンツなんかはかない方が体重が正確に計れる」と誉めました。この言葉を真に受けて、パンツを脱いで体重計に乗る子どもまで出てきました。

また、息子ばかり四人いる家庭でお父さんが病死したことがありました。その四人のうちの一人は、先生が私たちの学年を担任する前の教え子でした。お葬式の翌日、廊下で先生がその子を抱きしめて、ポロポロ涙をこぼしながら励ましている姿を見ました。

今も先生方のご努力で心の通った教育が行われていると思いますが、新校舎が出来上がったら、さらに、どの子にとっても思い出深いよい学校に磨きがかかることを期待します。

九月五日（土）

市制百二十周年

伝国の杜ホールにおいて、市制施行百二十周年記念式典と記念コンサートを開催する。明治二十二年に最初の市制を敷いたのは全国で三十九都市。東北では弘前、秋田、盛岡、仙台、山形、米沢の六都市である。

通常、この種の式典は舞台上に主催者・来賓が居並び、市民は客席で観客扱いとなる。そして国会議員・知事（代理の場合もある）など何人もの祝辞が続くパターンが多い。私はその形式を踏みたくなかった。誰のための、何のための式典なのかという本質をきちんと捉えたかった。そして、職員の意識改革のために権威主義・形式主義の衣を脱いでみるチャンスだと思った。

会場は五百席あったが、招待者の他、市民が誰でも申し込みできる枠を設けた。主役は市民であるから、いわゆる雛壇は設けず来賓も客席に座る。祝辞は市議会議長と市民代表（女子高校生）だけ。だから内容は極めてシンプルだった。

続いて記念の「アッキヨ・コンサート」。米沢出身の中村清美さん。生まれた時から、ほとんど耳が聴こえない。お母さんの厳しい指導で相手の唇を見て言葉を読み取る。自らも通常の言葉を話す。小さい頃の夢は歌姫になることだった。

だが、悲しいことに音程が判らない。社会人となって、東京の街角でストリート・ミュージシャンをしている佐々木厚くんと知り合う。そして、ギターを弾きながら歌う彼の横で、手や体を用いて歌を表現するサインボーカルを始める。二人の話は「アンビリバボー」というテレビ番組でも紹介された。

感動の舞台だった。最後の方で東京出身のアツシくんが「米沢は食べ物が何でも美味い」と言ったのを受けて、キヨちゃんが「米沢の美味しいものを宣伝する大使とかになりたいね」と応えた。それを客席で聞いた私は、この後にアンコールがあるので、まだ間にあうと咄嗟に計算して控室に飛び込んだ。

着物の時はいつも絵の入った扇子を帯に差しているのだが、幸いにもその日は式典の重要度から白面の扇を差していた。机の上にあったサインペンで扇に「任命　おしょうしな観光大使　アツキヨ殿　米沢市長安部三十郎」と書いた。急いで客席に戻りアンコールの曲を歌い終わろうとしている二人に、舞台の下から扇面委任状を差し出した。

夜、姉妹都市・交流都市の首長・議長を招いての歓迎夕食会が開かれた。席上、米沢出身のさる方から「今日のコンサートは良かった。娘さんも立派だが、お母さんが偉い。まさに米沢の女性だ」との感想があった。米沢の女性とはどういう意味なのか、解からなかった。

しかし、二週間ほど経ったある朝、ヒゲを剃りながら、キヨちゃんのお母さんのような例が米沢の歴史にあるのかどうかと思案したときに、解かった。そうだ、これは大正時代に小学校の修身教科書にも取り上げられたあの話の現代版なのだ、と気付いた。そのことを「自由の風」に書いたので掲載する。

江戸時代の終わり、米沢藩士の妻に黒井繁乃という人がおりました。幼くして父と死別、成人してお婿さんを貰いましたが、その夫も男児が生まれると間もなく病死。二代続く不幸に直面した繁乃は一人息子を何としても立派に育てなくてはと、七歳になると隣の武士宅へ学問を習いに行かせます。

帰宅して復習する子どもの相手をしたいのですが、母は漢字が読めません。（当時の学問は漢文でした）。そこで、こっそり隣家の窓下にたたずんで先生の講義をひらがなで書き取り、子の指導を続けました。息子・繁邦はやがて町奉行となり、その子の悌次郎は海軍大将になりました。

九月五日に行われた市制百二十周年記念式典での「アツキヨ」コンサート。生まれながら耳のほとんど聴こえないキヨちゃん（米沢出身）が「翼をください」を歌いました。自身では音程が判らないにもかかわらずの、この努力。そして、長年にわたる親の根気強い指導。

誰でも人生にどんな不運、逆境が待っているか知れません。でも、それを乗り越える勇気を私たちに与えてくれる米沢の今昔の話です。

十月三日（土）

市民憲章全国大会

伝国の杜ホールにおいて、「市民憲章運動推進第44回全国大会米沢大会」が開かれる。

この年の前年、わが家に届いた年賀状のなかに「来年、米沢で市民憲章の全国大会をやりませんか」というのがあった。全国市民憲章運動連絡協議会の顧問をされている方からのもので、その方は私が市長になる以前からの知り合いだった。

米沢市の市民憲章は制定が昭和三十七年と全国的にも早いだけでなく、その中身もまちづくりや市民生活について大切なことが簡潔な表現でまとめられている。年賀状の方からは市民憲章を考察した著書も頂戴したが、全国の市民憲章が紹介されており、米沢の憲章を参考にしたのではないかと思われるものも幾つかあった。

ともあれ、来年は市制百二十周年なのでとてもよい提案だと考えて、米沢市の市民憲章運動推進協議会へこの提案を検討して欲しい旨を伝えた。主催するのは市ではなく、各地の市民憲章推進団体なのだ。協議会では開催したいとの結論が出たので、その年開催された福知山大会（京都府）には協議会役員、市の担当者、そして私が事前視察を兼ねて参加した。

こうして話は順調に進んだが、思わぬ事態が待ち構えていた。翌年、すなわち本番の年の九月議会を前に、議会側から「議場には国旗・市旗を掲げる。議会初日には市民憲章を朗唱する」ことを決めたので、協力してもらいたいという要請がきた。

ちょっと待って欲しい。議案以外の事柄を決める場合、すなわち議場に何を掲げるか、議場で何を唱えるかなどは、議員全員の合意で決める慣例ではなかったのか。仮に議会が全員一致であったとしても、議場では議会側と市当局側は対等であるから、次には議会と市当局の合意が必要なのではないか。議会が全会一致によらず多数決で決定し、市当局との話合いもないまま通告だけで事が進んでよいはずがない。

そして、もう一つ。議会で何かをおこなう場合の影響の大きさというものがある。

議会で市民憲章を朗唱しているのだから、小・中学校でも毎朝朗唱させるべきだというような意見が出てこないか。現実に、市民歌を学校で歌わせてはどうかという意見が議会で出たことがある。

いくら良いものであっても、一方的に決めて押し付け・強制をすべきではない。ましてや従わないものを責めるようになったのでは、人を攻撃するための道具に転じたのも同じである。もし議会で朗唱するなら、議会だけで留めるのか、議会を皮切りに他にも及ぼすのか、十分な話し合いが必要だ。議会へ意見書を出したが通告は覆らなかった。

一方的に決めてはならないものが一方的に決まった。それに従えば今後は同じことが繰り返される。だから、議会初日の市民憲章朗唱には市長以下、市当局側は全員出席しなかった。議員側にも数名の欠席者がいた。結局、半分に満たない人たちでの市民憲章朗唱が議場でおこなわれた。

そして、九月議会の一般質問では市長以下市当局が朗唱に加わらないことが追及された。議案のように多数決の原理によるものとそうでないものを、これまでの議会が区別してきたことの意味が、質問議員には理解されていなかったようだ。

「一緒に決めたことがなぜ守れない」ではなく、「こちらが決めたことをなぜ一緒にやれない」となれば、まさしく押し付け・強制である。心配していた事態が現実になった。このようなやり方が全体主義の萌芽に繋がりかねないことに、大方の議員が気付いていない点が問題だった。

市長がここで屈すれば、やがては教育現場あたりに「なぜ、市民憲章を朗唱させない、市民歌を歌わせない」などという圧力がかけられる心配もないとは言えない。東京都や大阪府で起きた式典での国歌斉唱の強制問題と本質は同じであり、踏ん張りどころだった。

迎える側にこのような問題を抱えながら準備が進められた全国大会だったが、大成功のうちに終了したといってよい。記念講演では、おしょうしな観光大使のダニエル・カール氏が観客を笑いの渦に巻き込んだし、様々な場面での市民のおもてなしの気持ちが各地からの参加者に伝わった。

その後も市当局は議場での朗唱には出なかった。二年を経た平成二十三年の九月議会でも別の議員から「全員朗唱できないのはなぜか」という質問が出た。二年前と同じように答え、「議会側との協議にはいつでも応じる、白紙の状態からきちんと話をさせていただきたい」と述べたが、議会側からそのような動きはなかった。
そして、六年後。四期目を目指して敗れた選挙では「議会で市民憲章を朗唱しない市長」という批判が相手陣営からなされた。議場で「教養を高め文化のまちをつくりましょう」と市民憲章を朗唱した議員が、図書館と市民ギャラリーの文化施設建設推進に反対し、朗唱を拒んだ市長が建設推進に必死になるという皮肉な構図も生まれた。

十月六日（火）

小さな訪問者

南部小学校三年生が市長室を訪れる。子どもたちの市長室訪問についても「自由の風」に書いたので掲載する。

この秋は市長室に小さなお客様がたくさん来てくれました。小学校二、三年生の社会科見学が三校、保育園の勤労感謝訪問が二園です。「市長さんがいるかどうか、ドアをノックしてみてください」と秘書の職員に促され、トントンとたたいて、「どうぞ」

の返事にやや緊張した表情で入ってくる先頭の子ども。

お土産に市内で作られている小さな逆立ちゴマを渡して尋ねます。「コマで遊ぶときの注意は何でしょうか？」「投げない」という答えがほとんどでした。それも大事ですが、他にもあります。お家に帰るとお兄ちゃん、お姉ちゃん、弟、妹のいる人はコマが一つしかありませんので、仲良く使って遊んでください。米沢の方言に「お仲」という言葉があります。昔は一皿のおかずを兄弟（姉妹）でお仲に分けて食べるのがふつうでした、というような話をしました。

後日、市役所に届いたお礼の手紙の中に「こま、おなかのプレゼントありがとうございました。おうちに帰っておねえさんとこまをいっしょにしました」というのがありました。

ふるさとの魅力

平成二十二年（２０１０）二月二十三日（火）

米沢市の姉妹都市である愛知県東海市の農協（ＪＡあいち知多）女性部の方々が二十四名、市長表敬訪問に来られた。懇談の席上、一人ずつ米沢の感想を述べられたが、全員が「雪の山々を見て感動した」と話された。翌月、東京へ企業訪問に行った際も、米沢に工場のある会社の社長から「当社はスイスの会社と取引しており、スイス人を米沢へお連れすることもあるが、米沢は風景も空気もスイスと似ていると言われる」という話を伺った。

私たちには見慣れた風景が、よその人たちにとっては大きな魅力だったり、私たちがイメージの上で魅力を感じている国とどこか似ていたりと、認識を新たにした貴重な体験だった。

子どもには地元に残ってもらいたい、地元に戻ってきて欲しいと願う家庭は多い。その願いを成就させるために企業誘致や山形大学工学部発の新産業支援などには力を入れてきた。それだけでなく、「自分で起業する」道のあることを子どもたちに知ってもらう工夫もしてきた。

平成二十三年には「米沢の夜明け」という本を作って、市内の小学五年生から中学三年生まで全員に配り、読書感想文コンテストもおこなった。平成二十七年には「明日の大樹」という本を作り、全中学生に配った。どちらも米沢市芸術文化協会に執筆を依頼したものである。

「米沢の夜明け」は化学繊維・帝人誕生の話、世界初のノート型パソコンが米沢のNECで開発された話、山大工学部教授の手で有機ELが開発された話で構成されている。「明日の大樹」は一人の農民が自分の畑にトマトを植えて始まった東海市のカゴメの話、倒産した醤油屋の兄弟がジャム作りを始め一流ブランドになった高畠のセゾンファクトリーの話、夫婦で始めた印刷会社が世界でトップの技術を持つようになった米沢の精英堂印刷の話で成り立っている。「寄らば大樹の陰」ではなく、自分の足で立ち上がって、独自の技術を開発し、地元に根を張って社会に貢献するという道のあることを、実例を挙げて子どもたちに知ってもらおうという趣旨だった。

大樹の陰を求めて都会に出て行くのではなく、生まれ育った土地で自らが大樹になる。そのような志を子どもたちが抱くようになるには、ふるさとへの愛情が不可欠である。そのためには、小さい時からふるさとの魅力を感じつつ育つことが重要で、東海市民やスイス人からの指摘で初めて気づくような地元の魅力再発見を、まず大人がしなければならないと思う。

五月四日（火）

市民ミュージカル

市民ミュージカル「Ｆａｉｔｈ（フェイス）未来をつむぐ実験室」公演の初日を迎える。Ｆａｉｔｈは英語で信頼の意味。

前々年の帝人九十周年で記念のオーケストラ演奏という大きなプレゼントをいただいた返礼に、市民による帝人誕生物語の演劇制作を模索したのだが、すぐに挫折。しかし、翌年の市制百二十周年でなにか記念事業をとあれこれ検討した結果、さらに次の年に控える山形大学工学部百周年と合わせて化学繊維、帝人誕生の市民ミュージカルを制作・上演することになった。

田んぼアートの話でも触れたが、仙台のＳＣＳミュージカル研究所に制作を依頼し、出演者は市民から募集した。代表の廣瀬純氏と組んでＳＣＳを主宰し、脚本・演出を手掛ける梶賀千鶴子氏は劇団四季の作家・演出家という経歴を持つだけあって、そのレッスンは相当厳しかったようである。米沢市内外からおよそ八十人の応募があり、初演の舞台を踏めたのは半分。

下は六歳から上は六四歳まで、ゼロからスタートした役者たちの奮闘努力によって、みごとな舞台に仕上がった。会場である伝国の杜ホールでは私と同じ列が帝人役員席だったが、隣の大八木成男社長が「市長、ブラボーだね」と喜ばれた。

後ろの列は秦逸三の子孫の方たち。研究に没頭して家計を省みない逸三、心身の重なる苦労から病死する妻。子孫たちが洟をすすって泣いている。その心情が背中に伝わってくる。後日、山形新聞の文化欄に舞台評が載って、「プロの手がける舞台はこういうものかと、その完成度の高さに圧倒された」とあった。

公演は五月四日の夜、五日の昼・夜の三回で、出演者たちはおよそ一年かけた稽古の成果に達成感を味わったに違いな

輝く汗と涙、みんな力いっぱいのフィナーレ

い。だが、公演はこれで終わらなかった。このミュージカルで市民に本当のことを知らせ、米沢の歴史に自信をもってもらおうという意図のもとに、続行することになったのだ。

本当のこととは何か。「帝人は機屋が追い出した」というのが、多くの市民の伝統的な認識だった。追い出した理由は、人造絹糸が普及すれば絹織物が廃れてしまうから。米沢は全国有数の絹織物の産地。織物業界にとっては死活問題である。しかし、それは俗説だった。

市長就任以前、米沢信用金庫の元役員で地元の産業史・経済史に詳しい方の講演を聴いたことがある。大正時代の米沢では、地理的・交通的条件から帝人が発展を図るのは困難なため瀬戸内海の都市に移ったことを、科学的に説明した内容だった。眼から鱗が落ちる話だった。

このことを広く世間に知らせなくてはと思った。分かりやすい方を人は信じる。そして、だから機屋は駄目だ、米沢人は駄目だという負のドミノの果てに、自分たちは駄目だという烙印を自ら押してしまっている。そうではなくて、上杉鷹山以来の学問重視の気風が米沢高等工業学校誘致運動となり、その結果わが国で初めて化学繊維が作り出された、だからこれからも自分たちはやれるという方向へ、考え方の流れを変えなくてはならない。その効果的な手段を私たちは手にしていることに気付いたのだ。

結局、「Ｆａｉｔｈ」は足掛け四年、十三回の上演となった。二年目は市内の全中学生と市民対象の公演。そして帝人から費用を出してもらっての東京公演。帝人社員・ＯＢ、山大工学部卒業生を中心に観ていただいた。秦逸三の子孫の方々もお招きしたが、秦の妻が亡くなる場面で、また誰かが泣いていた。

三年目は山大工学部の学生・教職員と市民対象の公演。三回のうち二回が学生・教職員向け公演で大学から費用を出してもらった。ところが、大変なことになってしまった。二回とも観客が惨めなほどいなかったのだ。これまで満員の客席ばかり目にしてきた出演者たちは、緞帳が上がってさぞびっくりしたことだろう。

大学では無料のチケットを全部、学生や教職員に配り切ったという。でも、貰ったから来るというわけではなかった。誠実な人柄の工学部長は「本当に申し訳なかった」と謝られたが、こちらこそお金を出していただいていながら申し訳ないことになったとお詫びをした。

四年目は荒川区のホールで東京公演。同区には山大工学部のサテライトがあり、大学の研究と区内にある企業の製品開発を結び付ける役割をしていた。荒川区のお役に立っている山大工学部。その学校の素晴らしさを、ミュージカルを通して区民に知ってもらいたいという趣旨だった。

荒川区ではチケットを無料で希望する市民に配るという。それを聞いて、私の胸にある思いが湧き上がってきた。山大公演の失敗を繰り返してはならない、荒川区に迷惑をかけないようにしなければという責任感である。

帝人公演も山大公演も、それぞれ私が社長、工学部長に営業をかけて実現したものだが、荒川公演も西川太一郎区長に直接頼み込んで費用を出してもらったのである。それが観客パラパラでは申し訳が立たないし、費用は当然荒川区民の税金であるから、西川区長が責任を問われかねない。なんとしても満員にしなくては。

チケットは無料であっても、確実に来場する人へ配ってもらうことにし、配り切れない分は米沢市で配ることにした。帝人・山大関係者で前回の東京公演を見逃した人たちへ、帝人、山大からそれぞれ配ってもらった。企業誘致で回っている会社へも米沢理解の一環として配った。そして、市職員へ都内在住の親戚・知人へ公演の案内をして欲しい、観に来てくれる人へチケットを送るからと動員を頼んだ。その結果、約千席のホールが満員になった。

舞台挨拶に立った西川区長が客席を見廻して、「立錐の余地もない」と述べられた。担当職員と私の打ち合わせを何度も目にしたり、チケットの発送作業をおこなったりしていた秘書広報課職員たちも米沢から自費で観に来てくれた。

初演から十三回目の公演。本当の千秋楽公演だった。役者たちの自信に溢れ伸び伸びとした演技。もう、これが最後。みんな万感の思いで力を出し切っている。客席からそれがよく分かった。区民の誰もが田舎のミュージカルとは思えなかったに違いない。

初めての稽古から数えるとまる四年にわたる市民ミュージカル。出演していた子どもたちの成長には目を見張るものがあった。後には市民ミュージカルを続けたいという理由で、地元の大学を進学先に選ぶ高校生も出てくるようになった。

この翌年から、帝人社員に米沢の魅力を知ってもらうための「里帰りツアー」を始めた。社員やその家族がバスで米沢にやって来て、温泉につかり、米沢牛を食べ、帝人関連史跡を巡る。帝人社内に「新規事業を起こす時は創業の地米沢で」という空気を広げようという企画である。

平成二十三年（2011）三月十一日（金）

東日本大震災

三月議会の予算委員会が開かれている午後だった。極めて微妙な揺れを感じた。おやっと思った瞬間、強烈な揺れが襲ってきた。東日本大震災の発生である。議事は一旦中止して廊下に出た。実際はどうだったのか、床が斜めになりながら上下に揺れていたような印象がある。揺れる度に大きな悲鳴が上がった。

みんな外へ出た。まだ雪の残る肌寒い気候だった。直ぐ心配したのは四中校舎にいる生徒たちのことだ。もちろん、私だけでなく教育長をはじめ、多くの人たちの頭に真っ先に浮かんだはずである。幸い、校舎は無事だった。（なお、上郷小学校の校舎で最も危険とされた部分は既に使用されていない）。

家に帰ってテレビを見ると街が津波に呑み込まれる画面。山形県内は（新潟からも送電されている）米沢市と小国町以外停電になった。真っ暗な中を米沢まで帰ってきたら街に明かりがついていたので涙が出てしまった、という声を何人もの市民から聞いた。

　そして、翌日から「愛と義のまち」を旗印にした市民一丸の、被災地支援・避難者救援が始まった。米沢市は福島県と境を接する隣組だ。大事な役目が回ってきたのである。

　直ちに取り掛かったのは、商工会議所などと協力しておこなった被災地への救援物資の発送。次に津波・原発事故を受けて続々と避難してくる人々のための避難所を開設した。地震発生から三日目のことである。最初に市営体育館、その後武道館、文化センターと拡大していった。最大時で約六百人の方々が避難所におられた。

東日本大震災の被害現場を視察して回る

夜、体育館でストーブを囲みながらテレビのニュースを見ている避難者に話を聞いてみた。南相馬市から家族五人で避難されている七十歳の女性。息子さんは福島第一原発で働いているが、あの日はたまたま南相馬市の火力発電所にいた。家族は全員無事だったが、家は半分潰れた。

市内の親戚に二晩泊めてもらい、また別の親戚に二晩。先に米沢市の避難所へ来ていた知人から電話があり、自分たちも米沢に来た。ボランティアや市職員の対応が親切で、食事もおいしい。できれば住み着きたいぐらいだが、現実には今後の生活の目途が全く立たないと話されていた。

市民が次から次へと食糧・毛布・衣類・義援金を届けてくれる。そして、ボランティアもたくさん集まってきた。文化センターの調理室をのぞいてみると二十代の娘さんが三人、りんご（これも市民からの救援物資）の皮むきをしていた。三人とも自分にも何かできることがあるのではと思って駆け付けたとのことだが、子ども・高齢者用のりんごは小さく薄く切っていた。避難所開設と同時に体育館の調理室で食事作りを始めた学校給食調理師ＯＧたちの指示だった。

現役市職員も三交代で避難者のお世話に当たってくれた。やはりストーブを囲んでの語らいのなかで、高齢男性が「自分たちは東京電力にも国にも大きな怒りを持っている。それが避難所で噴き出さないのは、米沢の皆さまに手厚くしていただいているからだ」と話されていたのが忘れられない。米沢の市長であることが誇りに思えた。

原発事故によって、国民は都会の豊かな生活が福島県民の生命の危険と背中合わせになっていたことに気付いたわけだが、「安全」という言葉を唯一・絶対の頼りにして、原発誘致による地域振興を図ってきた思想そのものも見直されなければならない。

地方にとって、何かを誘致して発展を図ることも一つの道ではあるが、あくまで自らの力で産業を生み出し発展を目指すのが基本であることを、原発事故は私たちに教えている。

十一月二十七日（日）

三選

三期目を目指す選挙は三人で争われ、それぞれ二万四八〇〇票、六三六六票、三〇三五票の得票で私が当選した。投票率は四九・七八パーセントで前回の六七・五八パーセントより一七・八ポイントも下がっていながら、私の得票数は前回より九〇二票多かった。しかし、三期目には幾つもの落とし穴が待っていた。

平成二十四年（２０１２）二月十一日（土）

米沢市独自の平和事業

雪灯篭まつりに合わせて、東門美津子沖縄市長の平和講演会を開催する。この年で三十五回目を迎えた雪灯籠まつりは、先の大戦で生きて故郷へ戻れた人たちが生還できなかった仲間を偲んで慰霊し、世界の恒久平和を願うために始めたものだ。だから雪で灯篭を作り、丘の上ではまつりの幕開きに鎮魂祭が営まれる。

米沢市では雪の滅多に降らない地方の姉妹都市・交流都市の首長・議長をまつりに招待してきた（旅費は招待される側負担）のだが、その中には沖縄市長も含まれる。せっかく沖縄市長が来られるのだから、まつりの趣旨を踏まえ、市民が基地問題を通じて平和を考えるような講演会をしてみたいと思った。

まつり会場の一角を占める伝国の杜ホールが講演会場として最適であることは、誰の目にも明らかだったが、問題は聴衆集めである。聴く人がいなければ講演会は全く意味を持たない。これは当たり前のような話だが、以前の米沢市役所、もっと言えば世間一般の役所にとって、必ずしも常識とは言えない。講演会の準備さえ万全に整えば、それで合格。聴衆がどれだけ来るかは責任の範囲外という意識がある。

行政が主催する講演や公演には始めから伝えるべきメッセージがあり、聴衆・観客が感動して周りの人へそれをさらに伝える、そして社会に広がってゆく。税金を使って催しをするということはそういうことだ。だから、聴衆・観客動員は五百人入る会場なら五百人を、百人の会場なら百人を目指さなくてならない。

平和講演はほとんど予算を必要としない催しであったが、以上のような趣旨から満員を目指すことにした。有料であれば「せっかくお金を払ったのだから」という意識があるので、チケット料金と講師の知名度と売れたチケット枚数を勘案すれば、入場者数がだいたい予測できる。しかし、この講演会は無料だし、硬い内容だし、開催しても客席にはパラパラとしか聴衆がいないというのが、普通に考えられる光景である。

だからこそ挑戦してみる価値がある。成功すれば職員の意識が変わる。職員とのミーティングで私は、上杉鷹山の「なせば成るなさねば成らぬ何事も　成らぬは人のなさぬなりけり」の下の句を「成るべき道を探す賢さ」と変えて話をしていた。その実践である。

置賜ほのぼの会や会社が設立した財団などで何度も無料の催し物の人集めを経験し、ノウハウの蓄積もあった。そこで担当職員には細かなノウハウを伝授した。職員にとっては、これまでに経験のないことばかりなので、驚きと困惑の連続だったと思う。が、真面目に懸命にやってくれた。その甲斐あって、五百人収容の会場は満員だった。

東門市長の講演は「75％の苦悩、0・6％の叫び～日本の形・沖縄の心～」という演題だった。人口では日本全体の〇・六パーセントしかない沖縄県が、在日米軍基地の七五パーセントを引き受けさせられている現実から起こる様々な問題について訴えられた。

米沢市は空襲にあったこともなければ、米軍基地があるわけでもなく、大半の市民にとって戦争の影響というのは家族が戦死した（もちろんこれは最大の悲劇であるが）ということだろう。このことを踏まえれば、他の地域の人々が体験した、あるいは体験中の問題を同じ国民として共有することはとても大事なことだと思う。

「知らない」ということが孤立・分断を生み、問題があっても直面している当事者だけのものになりがちだ。そうではなくて、本来は知識の共有が共感を生み、共感からさらに連帯が生まれて問題解決に当たるという道筋であるべきだ。その意味では市民が沖縄県民の置かれている現状を「知る」ことができた集いだったと思う。聴衆のアンケートでも、沖縄が抱える問題を実感できたというような意見が多かったと思う。

この講演の成果を踏まえて、翌年からも雪灯篭まつりに首長平和講演会を続けることにした。平成二十五年は原発事故で全村避難を余儀なくされている福島県飯舘村の菅野典雄村長、二十六年は被爆都市として核兵器廃絶運動に取り組んでいる長崎市の田上富久市長。

そして二十七年は市民、とりわけ高校生が平和学習に熱心に取り組んでおり、自身も医師としてチェルノブイリへ救援ボランティアに駆けつけた体験のある松本市の菅谷昭市長、二十八年は戦時中オーストラリア軍兵士を主とする捕虜収容所があり、戦後は機雷除去作業により子どもたちを中心に多数の死傷者が出たことから、市民の平和運動が広く実践されている上越市の村山秀幸市長の講演がおこなわれた。

私は住民が安心して暮らせる社会づくりという観点から、平和の問題は国だけが取り組むべきものではなく、地方自治体も積極的に取り組まなくてはならないと常々考えていた。また、市民においても平和は幸せな未来が保障されるためには不可欠なものであり、その運動は自分たちの手で進めてゆくべきものという意識が広がるのを期待したのである。

東門市長講演のひと月前に広島市で開かれた「平和市長会議第一回国内加盟都市会議」にも出席した。この組織は核兵器の廃絶を目指す世界一五三か国、五一一一都市からなるもので、日本では全市町村の約六三パーセントが加盟していた。広島市長と長崎市長の呼びかけによって始められたものだが、それまでは国際会議はあっても国内会議がなく、国内都市の連帯を図るべく開かれたのである。

この会議出席の前年度から、中学生の広島・長崎・沖縄への派遣事業も開始した。市内各中学校の代表者が市職員、教員の引率により広島・長崎両市での平和記念（長崎は祈念）式典や沖縄市の戦跡巡りに参加して、平和の大切さを学習してくるものである。

それぞれの学校の全校集会や「広報よねざわ」紙上において感想を発表し、自分の体験をみんなに伝える。なにしろ、世界には二万発の核兵器があり、そのうち一万発はすぐ発射できるというのだ。子どもたちにはわが身の将来のこととして、核兵器の怖さ、戦争の悲惨さを想像して欲しい。

四月二十日（金）

騒動の始まり

議会の全員協議会があり、紛糾する。全員協議会は市政の課題について市当局と議会とで討議し理解を深め合う場であり、賛否の採決をするものではない。この会議において、かねてより計画中の新文化複合施設（一階が市民ギャラリー、二階以上が図書館）の建設予定地を「ポポロビル」跡地ではなく、道路向かいの「まちの広場」にしたい旨の提示をしたが、議会の猛反発を招いてしまった。

街なかの空きビル（ポポロビル）を取り壊して、新文化複合施設を建てるはずだった。が、ビル内にまだ残っていたテナント（市民ギャラリー、居酒屋、ドーナツ店）のうち、居酒屋が退去に応じていなかった。ビルは民間会社の所有であり、その会社が全国チェーン居酒屋の本部と交渉していたのだが、交渉は進展していなかった。私自身も居酒屋運営会社の社長に直接協力をお願いしようとしたが、面会予約を取る段階で拒否されてしまった。

この事業は人工芝サッカー場などと同じく、国から事業費の四割補助を受けておこなうもので、補助の期限は平成二十六年度一杯だった。そこから逆算して、ぎりぎりの時期までビル会社と居酒屋会社の交渉決着に期待したのだが、らちがあかず、やむなく西隣の広場（市有地）への建設地変更を決断した。

しかし、それはあくまで市当局側の事情であって、議会側の受け止め方は違っていた。「なぜ、もっと早く議会に報告しないのか。一ヵ月前の三月議会で今年度分の建設事業費が可決されたばかりではないか。予算を通すために、トラブルがあることをわざと隠していたのではないか」というのが議会の主たる批判だった。

もちろん、意図的に隠したわけではない。ビル所有会社に最大限の努力をしてもらうのが筋で、どうしても決着は不可能と分かった時点で議会に次の策を提示するという方針だった。だが、それでは議会が納得しなかった。

今にして思えば、居酒屋会社の経営体質に関する情報（いろいろなトラブルで訴訟になっている）と面談拒否の対応から、早い段階で退去は無理と見切って議会に相談すべきであったと思う。そうすれば、「最後までビル所有会社に頑張ってもらうべきだ」という意見は出ても、「隠した」という見方はされなかったはずである。議会から指摘される前に自分で自分の甘さを責めざるを得ない。とにかく、この日、建設地の変更は了承されなかった。

新文化複合施設の建設地を変更する場合は、四月中にその方針を固めないと設計が間に合わなくなると担当の建築住宅課から聞いていたが、本当にそうなのか、少し待ってもらうことはできないのか。建築住宅課長と一緒に急遽上京し、設計を委託している山下設計へ相談に行くことにした。議会説明から四日後の四月二十四日、東京駅に近い日本橋小網町の会社を訪ねた。

すると、既にまちの広場に建てる場合の外観模型が出来ていた。ポポロビル跡地に建てるのと同じ床面積を確保するために、建物中央部を吹き抜けの壁面書庫にするという。設計の方は作業工程を圧縮することにして、取り掛かるのを八月末まで待てるとのこと。外壁を特殊加工した杉材で覆うアイディアも聞いた。

米沢に戻って、幹部で打ち合わせをした。八月末まで四ヵ月の余裕がある。居酒屋が退去を拒んでいるという事実は誰も否定できないのだから、それを前提にして仕切り直しをすることが大切だ。われわれとしてはまちの広場への建設がもっとも妥当だと考えても、ごり押しをしてはならない。議会、市民の意見を聞いて十分議論をすることとした。ポポロビル跡地にこだわる、まちの広場にする、近くの歴史公園予定地にする、の三案を軸に何度か議会と協議がなされ、山下設計から担当者が来て、議員への説明もおこなわれた。

また、市民の間からもいろいろな動きが生まれた。まず、米沢市商店街連盟を中心にして、居酒屋運営会社に対し「中心市街地活性化の計画に協力して早期に退去して欲しい」という署名活動が展開され、二万人を超える署名が集まって、世話人代表たちが東京本社を訪ねて要望した。さらに、読み聞かせの会や子育て支援サークルなどによって結成された「新図書館早期実現を望む会」からは、市長と議長宛に建設促進要望書が提出された。

中心市街地の活性化は、私の前の市長時代から様々な計画が立てられては頓挫してきた経緯がある。ここでまたもやの挫折は許されないとの思いが、商店街連盟や市経済界には強くあったと思う。また、当時の図書館は社会教育施設の中にあったのだが、図書室と呼んだ方がよいようなもので、「教育と文化のまち」にふさわしい新図書館を求める声、大規模な企画展の可能な市民ギャラリーを求める声は市民の間で強かった。

「まちの広場」への建設予算可決

市議会の臨時会が開かれ、新文化複合施設をまちの広場に建設するための地質調査・測量・基本設計などの作業経費が賛成多数（12対10）で可決される。つまり、建設地をポポロビル跡地からまちの広場に変更することが承認されたのである。問題はあるにしろ、中心市街地活性化という本来の目的を達成すべきという議会の意志が、薄氷を踏むような差ではあったが示されたことになる。

また、数日前には米沢市商店街連盟と米沢市芸術文化協会から議長に対して「まちの広場への建設を支持する」という陳情書が提出されたことも、微妙だった議員の賛否に影響を与えた可能性がある。ただし、ポポロビル跡地への建設を前提に地質調査・測量は既に済んでおり基本設計も進んでいたため、これらの経費は二重出費となった。このことや市政の混乱を招いた責任から、私は九月議会において十月分給与の二十パーセント減額を申し出た。

議会では責任をはっきりした形で取るために、減給すべきではないかとの声が何度も上がっていたが、当初私はその考えに否定的だった。責任はあくまで選挙で問われるべきであって、給料の減額やその幅によって「責任を取った」ことになれば、減給行為が議案成立の取り引き道具になりかねないからだ。

だから、政治学上の理論からは減給すべきではなかったのだが、新文化複合施設建設の重大性を前にして妥協せざるを得なかった。もちろん、不祥事を引き起こした職員を処分する際に、管理監督上の責任から自分自身も減給するというのは別である。

これで一件落着、めでたし、めでたしのはずであったが、そうは問屋が卸さなかった。この後も次々にトラブルが生じ、そのつど必要となる追加予算に反対し続ける議員たち、あくまでまちの広場への建設に反対を貫く住民グループ、自分たちは行かないから要らないと声を上げ始めた市民たち。新文化複合施設の建設は満身創痍で懸命にゴールを目指すような状態に陥ってゆくのだった。

九月二十九日（土）

なせばなる秋まつり

米沢の新しいまつり「なせばなる秋まつり」が始まる。これまでも伝国の杜では観光物産協会が中心となって、九月に「丼どんまつり」がおこなわれていた。米沢の芋煮や会津のソースカツ丼の他、色々な創作丼を提供する催しで人気があった。また、市の主催で「棒杭市」も同じ時期に開かれていた。

これらを中心にして新しい秋のおまつりができないものだろうかと考えた。米沢は四季の変化が鮮やかなまちである。四周を山に囲まれた盆地であるが故にその変化がはっきり分かる。四季それぞれに大きなまつりがあった方がよい。「退屈しないまち」というのも、住む人にとってはとても重要なことなのだ。

以前は秋に「鷹山公まつり」というのがあったが、なくなってしまった。理由は賑わいイベントの域を出られなかったからだと捉えている。おまつりは三重の円になっているというのが、私の独自理論である。中心の円は精神、それを取り囲む円は表現、さらにそれを取り囲む円が賑わいである。

雪灯篭まつりを例に取ると、戦没者慰霊と世界平和への祈り（精神）、そのための雪灯篭（表現）、そして物販・飲食・ステージイベントなど（賑わい）ときれいに三重の円を描いている。そこで、新しい秋まつりはきちんと円を描くよう心掛けた。

中心となる円は米沢の庶民の精神文化、それを取り囲む円は棒杭市・草木塔祭・飯豊山登拝出発式・米沢時代行列などの表現、さらにそれを取り囲む円が丼どんまつりや益子の陶器市などの賑わいである。

ちなみに、草木塔というのは上杉鷹山時代に庶民の間で自然発生した風習である。山で働く人々が一木一草にも命があるとして、大小の石に「草木塔」「草木供養塔」などと刻んで建てた自然感謝の碑である。米沢が発祥の地であり、現在は山形県内、全国へと広がっている。また、飯豊山登拝というのは、置賜地方で古くから行われてきた風習で、子どもが十三歳から十五歳の間に信仰の山・飯豊山に白装束で登る成人への通過儀礼である。

登拝前に子どもが家族と離れて精進潔斎の生活を送るための小屋（行屋）が、かつては農家の敷地内に建てられていたのだが、その一つが伝国の杜の上杉博物館西側に移築されている。その行屋から飯豊山に向かう様子を再現するのが登拝出発式だ。

米沢時代行列は小野小町を先頭に伊達政宗、上杉鷹山、チャールズ・ヘンリー・ダラスなど米沢ゆかりの歴史上の人物がパレードをするもの。この米沢時代行列は米沢がいかに「歴史のまち」であるかを市民に知ってもらおうという趣旨だったが、私の市長退任後に廃止になった。

大門交番前から上杉博物館まで五百メートルぐらいをパレードするのだが、沿道に観客がいなければ意味がない。「講演会は満員の聴衆で」と同じく、税金を使ってやるからにはそれだけの効果をあげなくてはと、担当課に毎年檄を飛ばした。職員もいろいろ知恵を出し工夫を凝らしてみたものの、なかなか観客が増えない。そのため、費用対効果の観点から止めたものと思われる。

この手の催しはどこかに人だかりの山となるようなノウハウがあるはずで、「成るべき道を探す賢さ」と言いながら、そこまでたどり着けなかった自分の非力さが悔やまれる。

また、益子の陶器市であるが、これについても少し経緯がある。東日本大震災の折、益子の陶器業界と親しい米沢市民から、益子の登り窯が地震で全壊してしまった、何とか応援できないかという話があった。登り窯というのはチクワを縦に切って斜めに伏せたようなもので、構造上揺れに弱いのだ。

米沢から喜多方を通って会津若松を抜け日光に向かう国道121号線は、米沢が始点で益子が終点である。この路線の改良を目的とする期成同盟会も沿線自治体で結成されている。これは応援をしなくてはならないと思い、その年の九月、震災復興支援の陶器市を開催した。だが、会場がまちの広場だったこともあり、お店に気の毒なくらい客はまばらだった。宣伝に力を入れた大きなイベントは別として、この場所での単独イベントは集客が難しかった。

翌年からなせばなる秋まつりが始まって、陶器市もその一部として伝国の杜で開かれるようになり、年々陶器の購入を楽しみにする人も増えてきた。

また、まつりの名称については当初「鷹山公まつり」にしようと考えたが、職員とあれこれ議論をして、庶民主体のまつりであることを全面に出した方がよいとの視点から「なせばなる秋まつり」になった。

寺町サミット　十月五日（金）

「第十八回寺町サミットin米沢」が開催される。このサミットは城下町特有の寺町を構成している寺院と地域住民とが一緒になって地域づくりを進めようとするもので、加盟都市は若干の入れ替わりがあったが、この年の時点では岐阜市、飯山市、小松市、金沢市、七尾市、高岡市、上越市そして米沢市の八都市だった。米沢市は私が市長に就任してから加盟した。

米沢のサミットは東寺町の日朝寺を会場にしておこなわれた。始めに九里学園高校教諭遠藤英氏の基調講演。米沢の寺町がどのように成立したかを、直江兼続による城下町づくりを基礎にして話された。次に加盟都市それぞれの住民団体の活動報告。市民同士が学び合い、切磋琢磨し合うのである。そして私たち市長（もしくは副市長）のパネルディスカッションが続く。

まちづくりはなんといっても住民が参加しなければ意味がないし、いい成果は挙げられない。そして米沢にも寺町がある。このサミットによって市民が刺激を受け、まちづくりが進んでゆくことを狙って加盟したのだ。

サミットは持ち回りになっていて、米沢にも番が回ってきたということだが、米沢開催を前に東寺町の寺院・町内会によって「寺町を生かしたまちづくり協議会」が結成された。そして東寺町通りの黒板塀設置が始まった。市からも補助金が出るようにした。これまで各地で開催されたサミットへ寺院住職をはじめ、東寺町周辺の町内会役員、商工会議所建設部会のメンバーにも参加していただき、住民主体の寺町を生かしたまちづくり実践例に触れてもらった成果である。

米沢市の住民報告で「再び米沢に開催地が回ってきて皆さまをお迎えする時には、

この東寺町の通りが一面の黒板塀になっているようにしたい」と抱負を述べた人がいた。その後、二つのお寺が新たに黒板塀を設置したが、まだ通り全体というには程遠い。

「寺町を生かしたまちづくり協議会」の事業と「花と樹木におおわれたまちづくり」事業の相乗効果によって城下町風情をつくりだそうとしたが、私は退任となり寺町サミットも私の退任後に脱退してしまった。まちは市民意識の高まりによって美しくなってゆく。今後の事業展開に期待したい。

十一月四日（日）

人工芝のサッカー場

皆川球場の北側に人工芝のサッカー場が完成し、テープカットがおこなわれる。市長就任前、河原の芋煮会回りで市政への要望を聞くと「新しい陸上競技場をつくって欲しい」、「芝生のサッカー場をつくってもらいたい」という声が多かった。

たしかに、米沢市の陸上競技場は土のトラックだったため、選手の出した記録は公認にならず、県内持ち回りの大会も米沢市では開催されなかった。また、サッカーも河川敷の土のグラウンドでおこなわれていた。どちらも気の毒な環境だった。先に陸上競技場を全天候型に改修し、平成十九年九月にオープンさせた。

次に着手したのが芝生のサッカー場建設である。最大の問題は建設資金をどうするかであった。日本サッカー協会のサッカー場建設補助事業にも応募してみたが、外れてしまった。そのうちに国土交通省の市街地活性化の補助事業が生まれた。事業費の四割を国が補助するものである。米沢市は新文化複合施設の建設、西條天満公園の整備など十一事業を国に申請したが、そのうちの一つが人工芝のサッカー場だった。

サッカー場が建設されるのは街なかではない。しかし、東北地方でも指折りのサッカー場が建設されれば、大きな大会が開かれるようになる。選手・役員だけでなく（特に子どもたちの大会の場合には）家族も応援にやって来る。そして街のホテルに宿泊する、食事をする、お土産を買う、観光をする。これによって街なかが活性化するという理屈で、市街地活性化の事業として補助対象になったのだ。

この年はオープンして間もなくシーズンオフになってしまったが、翌年度は六万人を超える利用者があった。東北、東日本レベルの大会が多く開かれるようになったため、県外から百二十一チーム千四百人が市内に宿泊し、目論見どおり経済効果も生まれてきた。

そしてなにより、このサッカー場で練習していた米沢中央高校が県大会で優勝し、置賜から初めて全国高校サッカー選手権大会に出場した。私も大晦日に行われた試合を応援するため埼玉スタジアムに出かけた。

平成二十五年（2013）四月十日（水）

高鍋へのハッピ出張

企業誘致のため主として都内の企業回りをすることが多かったが、在職途中から私はハッピを着て出張することになった。きっかけはJR山手線電車内での同行職員との会話だった。「俺たちはこうやって企業誘致に歩き回っているが、うまく誘致できたときに市へ税金が入って、俺たちの電車賃・ホテル代のもとが取れる。でも、それまで待たずに直ぐ取れる方法はないものか」と吊り革につかまりながら、職員へ冗談半分に語り掛けた。

至極真面目な職員だったので、面白い返事は戻ってこなかった。だが、私の頭の中はぐるぐる回り始めた。米沢と染め抜いたハッピを着て出張したらどうだろう。それで都内を歩き回ったら、電車賃・ホテル代ぐらいの宣伝効果はあるのではないか。でも、さすがにすぐ実行に移す度胸はなかった。本当にやり始めたのは少し時間が経ってからだった。

市長が企業回りをするときは、原則として職員が二人同行する体制になった。三人とも背中に大きく「米沢」と染め抜いたハッピを着て会社を訪問する。たくさんの自治体がやって来る会社でも、これなら米沢市だけは絶対忘れられない。だいいち、受付の女子社員が私たちの姿を目にしたとたん、ひまわりのような笑顔になる。

応接室に通される。社長以下役員が入ってくる。名刺交換の後、たいてい聞かれる。「どこからハッピを着て来られたんですか」。会社の玄関前でバックからハッピを取り出したと思われているのかも知れない。「自宅からです。この姿で米沢駅から新幹線に乗りました」。一同の目に驚きの色が浮かぶ。

このハッピ姿、目立つことは抜群なので、一回の出張につき必ず一度はハプニングがある。米沢出身者から声を掛けられる、高校の同級生が駆け寄ってくる。

その中で一番面白かったのが、この日の宮崎県高鍋町（姉妹都市）での出来事だった。石井十次賞贈呈式に出席するため、街なかのホテルに到着した。（石井十次は高鍋町が生んだわが国児童福祉の先覚者で、彼を記念した賞が設けられている）。フロントで秘書が誰かと話をしていて、私を呼びに来た。聞けば相手は米沢の人だという。米沢工業高校を卒業して、首都圏の会社に就職した。子どもも一人前になったので、自分へのご褒美のつもりで家族旅行を提案した。旅先はかねてから望んでいた「鷹山公の実家・高鍋」だ。ところが、家族が興味を示さない。結局、「お父さんだけ行って来たら？」ということになった。一人侘しく高鍋のホテルに着いたら、なんと米沢のハッピを着た人たちが！驚いて声を掛けたというのだ。

だが、驚いたのはこちらも同じだ。このような出会いがよくぞあったものだ。もし、私たちがハッピを着ていなければ、同じ米沢の人間同士、遠く高鍋の同じ屋根の下に一晩泊まりながら、知らないままで終わるのだ。

私の名刺を渡し、米沢ＰＲ用のグッズ（青年上杉鷹山を描いたしおり）も差し上げた。米沢への帰路、自宅に戻った彼が黄金色のしおりを見せて家族を驚かせている光景を想像した。

一年ほど経ったある日、自転車で米沢の街を走っていたら、知らないお母さんから声を掛けられた。「市長、うちの息子がお世話になって」「えっ」「ほら、高鍋で。お土産までもらって。あの晩、すぐ家さ電話よこした」。この分だと、彼の家族もサプライズで盛り上がったはずだと確信した。

六月十三日（木）

修学旅行歓迎職員コント

修学旅行で米沢にやってきた東海市立富木島中学校の三年生に対して、市職員が歓迎コントを披露する。

東海市には中学校が六校ある。そのすべてが米沢市を訪れる。本来は東京止まりであるはずの修学旅行。なぜ米沢まで足を伸ばすのか。

東海市は昭和四十四年に漁業の町と農業の町が合併して発足した。そして海岸が埋め立てられ、製鉄会社が進出して臨海工業地帯となった。当然、いろいろな地域からの、様々な家庭の子どもたちが同じ教室で学校生活を送るようになる。この子たちの心を一つにまとめてゆくために、米沢訪問が企画された。

東海市出身の江戸時代の儒学者・細井平洲は上杉鷹山の先生だった。その師弟愛は戦前の修身の教科書に取り上げられ、広く知られていた。生徒たちが米沢に行って、平洲・鷹山の足跡に触れるのだ。

江戸に住む平洲は三度米沢を訪れた。三度目の時は鷹山が城から二里弱（七キロ）も離れた関根まで出向き、羽黒神社で迎え普門院で接待した。いくら自分の師であろうと、殿様が迎えに出ることなど通常あり得ない。それを鷹山がやった。生徒たちはその羽黒神社・普門院を訪れる。

この熱意に米沢市としても応えるべく、オリジナルお土産の開発やユルキャラでの出迎えなどいろいろな工夫、試行錯誤を重ねた結果、歓迎コントにまでたどり着いた。「鷹ちゃんと兼ちゃんと平洲先生」という約十五分間のコントだ。川西町の「劇団菜の花座」座長河原俊雄氏（高校教員）に脚本・演出をお願いした。

架空のラジオ番組に上杉鷹山、直江兼続、細井平洲が時代を超えて登場し、鷹山の偉業を笑いと共に解説する。生徒たちは旅行前に学習した「先施」や「興譲」といった平洲の教えと鷹山の実践を、それによって復習できる仕掛けである。

担当は秘書広報課市民交流係、演ずるのは同課の職員たち。羽黒神社のお堂を使った舞台に羽織袴、甲冑などの衣装を着込んで登場。河原氏の厳しい指導もあって熱演である。コント終了後に生徒が舞台に上がって役者からのインタビューに答えたり、フィナーレのダンスを役者たちと一緒にもう一度踊ったりと、実に楽しそうだった。

初年度は一校だけへの公演だったが、翌年は同じ河原氏の手による新しい脚本で三校に対して上演、翌々年は六校全部に披露と、公演を希望する学校が広がっていった。

平洲・鷹山に学ぶべく米沢を訪れる生徒たちは、次の社会を築く大切な宝であると同時に、市内に宿泊する有難い観光客であり、後に米沢を再訪する可能性のあるリピーターの卵でもある。その面からも大事な事業だったと思う。

厳しい演技指導を乗り越え、きちんと成果を出す職員たち

ちなみに、この羽黒神社で同年十月六日（日）に「米沢敬師のこころ　ライトアップコンサート」が行なわれた。羽黒神社は前年、四年がかりの大改修が完了した。柱も全て分解して組み立て直すという工事だったが、完成してみると茅葺屋根の厚みのある曲線がとても美しい。

これで終わったのではいかにももったいない。社殿改修を機に年に一度でよいから人々が集まる催しをおこなってはどうか。そして、「敬師」の逸話を思い起こす機会とする。たとえばライトアップコンサートなどはどうだろうかと地元に投げ掛けてみた。地区では大賛成。早速、次年度におこなうことが決定した。市でもなせばなる秋まつりのプログラムに組み入れて支援した。

そして翌年の秋を迎え、ライトアップコンサートが幕を明けた。東海市から新進気鋭の津軽三味線奏者・山口晃司氏がやって来た。地元関根小の子どもや地域の大人たちで結成されている敬師太鼓も登場した。幽玄の世界で祭りは最高潮。

翌日、実行委員の方々が市役所へ挨拶に来られたが、みんなの顔が達成感と自信で輝いていた。このライトアップコンサートはその後も毎年続けられている。

十月二十七日（日）

舘山城の発掘

平成二十二年より発掘調査を進めていた舘山城跡から石垣の一部が出土し、教育委員会による現地説明会が開かれた。石垣は築かれた時には高さ約三メートル、全長約百メートルあったと推測される。この日の説明会では伊達政宗が築いた可能性が高く、東北最古の石垣とされたが、石垣の工法から後に上杉景勝が築いたものと訂正された。

米沢市の市街地の西にあり、「城山」と呼ばれている山が伊達家の山城跡であることは分かっていたが、米沢市は一部分しか発掘調査をしていなかった。しかし、戦国時代の山城の遺構がそっくり地中に埋もれている可能性が高いことや、米沢は伊達氏、上杉氏の歴史が重なり合う土地であり、上杉一辺倒よりも伊達の史跡掘り起こしも図ったほうが「歴史のまち」としての深みが増すとの判断から、舘山城発掘調査の決断をした。

伊達氏が築いたのであれ、上杉氏が築いたのであれ、石垣が出てきたとの報告を受けたときには感慨深いものがあった。「上杉の城下町」をキャッチフレーズにしてきた米沢市や米沢市民にとって、「伊達」というのはある種の遠慮すべき存在だった。それはＮＨＫ大河ドラマ「独眼竜政宗」が放送された後も変わらなかった。

あるとき、おしょうしなガイドの方から「仙台の人たちを案内すると、伊達家の足跡が何もないと言われる。何か作って欲しい」と要望された。そこで、松が岬公園にある歴史案内板を書き換えて伊達政宗の肖像画を登場させるアイディアを思いつき、公園を管理している都市計画課の課長に話した。

ところが、課長は「市長、止めてください。ここは上杉の城下町。ましてや歴史案内板は上杉神社の目の前。誰からどんな非難を浴びるか分かりません」と言う。米沢が伊達の本拠地だったことは紛れもない史実だし、ボランティアガイドの要望もあることだから、ぜひやってもらいたいと重ねて述べたところ、課長からは「分かりました、やります。ただ、事前に各関係団体にお断りだけさせてください」との答えが返ってきた。

しかし、難色を示す団体はなかった。結局、課長が心の金縛りに陥っていたわけだが、それは課長一人だけのことではなく、市民の一般的な意識はそのあたりにあった。

舘山城は平成二十八年に国の史跡指定を受け、これからは文化庁の指導のもとに史跡公園として整備されてゆく予定だ。仙台市民のほとんどが伊達政宗は仙台生まれだと思っているということから、まず仙台市職員に認識を深めてもらうべく、奥山恵美子仙台市長のご理解を得て職員バスツアーを二年間催した。舘山城が米沢観光のスポットに加われば、仙台・宮城県方面からの観光客も増えるはずだ。

また市民有志によって舘山城保存会が結成され、見学者への接待、世論の盛り上げなどに大変な貢献をされていて、有難くもあり心強くもあった。

十一月二十七日（水）

ケネディ大使の発言

夕方、市長室の私のところへ、さる新聞社から電話がかかってきた。着任したばかりのキャロライン・ケネディ駐日米国大使が、この日都内で講演し「父は上杉鷹山を敬愛していた」と述べたという知らせで、コメントを求められた。ケネディ大統領が上杉鷹山を尊敬していたという話は広く知られており、松が岬公園の鷹山像（坐像・立像）説明板にもそのように記されている。

しかしその一方で、それには明確な根拠のないことも、郷土史に詳しい人たちの間では半ば常識だった。だから、キャロライン・ケネディ氏が駐日大使に決まった後、月例の記者会見で私は「ケネディ大使を米沢市にお招きしたい」と述べたものの、彼女の来訪を働き掛ける過程で「根拠のない話が一人歩きしていた」となりはしないか内心密かに心配していた。だが、娘が証言した以上もはや誰も否定できなくなった。

父の大統領が亡くなった時はまだ幼かった彼女に、なぜ分かるのかという見方もあるかも知れないが、私にしても高校一年で父を亡くし、その後折りに触れて他の人たちから父が外で何を話していたかを聞き、父親理解が進んだという体験がある。たとえ文書記録が残っていなくともケネディ大使の発言だけで十分だと思う。

ケネディ大使の発言によって、彼女を米沢に招きたいという市民の声が一気に高まり、市や商工会議所、観光物産協会を核にして招聘のための組織を発足させることになった。山形県の意向で大使への「招請状」を米沢市長だけでなく、山形県知事、山形市長もそれぞれ書いて、一緒に米国大使館へ届けることになった。

ただし、米沢市の場合は「上杉鷹山のどこが偉いのか」を市民みんなで勉強しながら大使の来訪を待つ、そしてそのことを逐一大使に報告するという作戦を取った。具体的には、雪灯篭まつりにお招きした鷹山ゆかりの姉妹都市・交流都市の首長がパネリストの「鷹山サミット」、内村鑑三の著書「代表的日本人」をテキストにした市民の勉強会「鷹山ゼミ」、「広報よねざわ」に十二回連載した「鷹山に学ぶ」などである。

他にも四季折々の米沢の魅力を伝える手紙を、米国から来ている国際交流員に翻訳してもらって送り続けた。

紙芝居

十二月十六日（月）

市内在住のある女性の方が市長室に来られた。前年の大晦日に娘さんを筋ジストロフィーの病で亡くされたという。まだ二十歳の若さだった。一周忌を前に、生前お世話になったからと社会福祉課へ挨拶においでになった。が、担当課だけでは気が済まず、市長にもお礼を述べたいと市長室まで来られたのだ。

初対面の方だったが、話をお聞きすると担当者は通り一遍の仕事ぶりではなく、懇切丁寧な対応を続けていたものらしい。女性は娘の残した手作り絵本をもらっていただけないかと、短いお話の絵本を差し出された。「いもむしの仕立て屋」という題だった。

中学校三年の家庭科で「手作りおもちゃで子どもたちと遊ぶ」という単元がある。牛乳パックを利用したクルマやペットボトルのマラカスなどを作り、保育園を訪問して園児たちと遊ぶのだ。

車イス生活を送っていた作者は、自宅から国立米沢病院の院内学級に通っていたのだが、この授業の時に絵本を作った。しかし、保育園を訪ねることはなく、幻の絵本になってしまった。

作品はいもむしとクモの友情がテーマで、人生において大切なことが短い物語に込められていた。自分だけ

「そのとき、いもむしの親友のクモがあらわれました」 市長室にて

読んで終わるのではもったいない気がした。そこで、秘書職員に頼んで拡大コピーしてもらい、紙芝居仕立てにした。市長のところへは小学生の社会科見学や保育園児の勤労感謝の日訪問などがあるので、その折に市長室で子どもたちへ紙芝居を演じてみせていた。

市長を退任する時に、記念にその紙芝居をもらった。舞台（箱）も職員手作りの私物で、使って欲しいということだったので、有難く頂戴した。翌年の夏から紙芝居ボランティアを始めた。市内の保育園・幼稚園・放課後児童クラブ・小学校（保護者などによる読み聞かせの時間）へ出向いて、公演を続けている。

せっかく出会った「幻の絵本」、若くしてこの世を去らなければならなかった作者になり代わって、できるだけたくさんの子どもたちに紙芝居を観せたい。そして、友情の大切さについて考えてもらいたいと願っている。

平成二十六年（２０１４）九月二十六日（金）

先生の心配

関根の普門院門前で「細井平州先生・上杉鷹山公敬師の像」除幕式がおこなわれる。

もともと、東海市では太田川駅の駅前整備事業にともない細井平州・上杉鷹山の師弟像を建てる予定だったが、市内篤志家より多額の寄付があったため、銅像は同じものを二つ造り、一つを東海市平洲会から関根地区へ寄贈することになったのだ。江戸から米沢にやってきた平洲と出迎えた鷹山の姿を表現した像である。

除幕された銅像を見上げているうちに、私はある思いに捕われた。そのことを「自由の風」に書いたので掲載する。

猪苗代湖畔に建つ野口英世記念館。展示資料の一つに英世の高等小学校時代の恩師・小林栄先生が坪内逍遥から受け取った手紙があります。わが国を代表する文学者の逍遥は「当世書生気質」という小説を書きました。作中に田舎から東京に出てきた明治期の書生（学生）が遊びほうけている場面が描かれているのですが、その人物の名が野々口精作でした。英世と改名する前は清作であったため、巷では野口英世がモデルだという噂が定着し、心配した小林先生が逍遥に真偽を確かめるべく手紙を出したのです。返事から英世ではないことが解かりましたが、この逸話からは教え子を思う先生の情がひしひしと伝わってきます。

九月二十六日、関根の普門院に見事な「細井平洲先生・上杉鷹山公敬師の像」が建ちました。寄贈下さった東海市平洲会に深く感謝します。江戸の上杉屋敷で鷹山少年に学問を教え、やがて青年藩主として米沢へ送り出した平洲先生は心配が山ほどあったと思います。改革には無理解、反発、抵抗が付きものだからです。先生の「勇なるかな、勇なるかな」という励ましを支えに鷹山は茨の道を歩いたのでは、とつい想像します。

細井平洲は「学問と今日とは二途ならず」と教えていた。学びと現実は別物ではない、すなわち「現実を真理に従って理想の方向へと引き上げてゆくことが大事だ」という意味かと思う。

師の教えを弟子が誠実に

普門院・赤門前の師弟像

実践しようとすればするほど困難が生じる。平洲はそれが心配でたまらず、三度も米沢を訪れ、弟子への応援のつもりで領内を講演して回ったのではないか。そう考えたら涙が出てきて、羽織の袂からハンカチを出して拭わざるを得なかった。

九月二十七日（土）

ケネディ大使の来訪

細井平州・上杉鷹山の銅像が建った翌日、秋晴れの本当に爽やかな日にキャロライン・ケネディ大使はやって来た。夫君や従妹と一緒のプライベート旅行という形だった。

招請の手紙に大使から「お祭りに行ってみたい」との返事があったので期待していたが、冬の雪灯篭まつりが終わり、春の上杉まつりが過ぎ、秋のなせばなる秋まつりが近付いても訪問の通知はなく、今年は無理だったと思っていたところに、突然来訪の知らせが入ってきた。

その様子を「自由の風」に書いたので掲載する。

米沢の今年一番の明るい話題は、キャロライン・ケネディ駐日大使の来訪だったと思います。九月二十七日、「なせばなる秋まつり」の初日に来られて米沢時代行列を楽しんだ後に、上杉家ご当主の案内で御廟所を参拝されました。その大使が伝国の杜に集まった五千人に向かって語りかけたのは「人は、一人でも世の中を変えることができる。皆やってみるべきだ」というケネディ大統領の言葉でした。

この言葉は「なせばなる」をさらに掘り下げた表現だと思います。今年一年、私たちは「鷹山サミット」を始め、様々に上杉鷹山の偉業を学びながら大使の来訪を待ちましたが、結果的には大使からも大事なことを教えて貰ったような気がします。前の殿様が領地を幕府に返上しようと決意したほど財政が破綻し、人心の荒廃した米沢。その再建に取り組んだのですから、鷹山の決意もケネディ大統領の言葉と同じだったのではないでしょうか。

「自分一人では何も出来ない」とはよく耳にする言葉ですが、そうではなくて、まず自分が立ち上がって、一人、二人と賛同者や仲間を増やして、結局は世の中を変えるという力強い生き方をしてみたいものです。

平成二十九年一月十八日、ケネディ大使が日本を去る日の読売新聞に、彼女へのインタビュー記事が大きく掲載された。その中で彼女は日本でのお気に入りとして「米沢市の上杉鷹山ゆかりの祭り」も挙げている。この年で「なせばなる秋まつり」は三回目を迎えていたが、大使の心に残るまでのものになったかと思うと嬉しかった。

大使の来訪で一番得をしたのは国際交流員のベンジャミン・ゲッセル青年だったかもしれない。彼はアメリカ西海岸にある地方都市の出身。前年から二年間の任期で米沢市の市民交流係に勤務しており、博物館のバルコニーで

ケネディ大使へ戸田寒風氏作の笹野一刀彫を贈る

大使の通訳を務めた。

彼の話では、普通のアメリカ国民がこのようにしてケネディ大使と接するチャンスはまずあり得ないという。たまたま、日本の米沢にいたお陰でこの幸運に恵まれたのだ。早速、アメリカの家族・友人にメールを送ったところ、みんな大騒ぎだったとのこと。

大使夫妻が観た時代行列の後半で、前列と後列の間に大きな隙間ができてしまった。沖縄市・米沢市混成のエイサーチームがその踊る足取りゆえに遅れてしまったのだ。行列も一区切り付いたと思って大使がバルコニーから屋内に引き上げては困るので、時間稼ぎに私が思いつく限り行列の解説をし、ベンジャミンが懸命に通訳した。だから、なおいっそう彼には思い出深い日になったと思われる。

平成二十七年（2015）一月一日（木）

ふるさと納税方針転換

新年から「ふるさと納税」（米沢市の名称はふるさと応援寄附金）における返礼品の種類と金額を大幅に変えた。それまでは、三万円未満の寄附をされた方へはオリジナルしおり、三万円以上の方へは米・りんご・りんごジュース・啓翁桜のうち希望のものを返礼品として送っていたのだが、今度は金額ごとに返礼品を細かく分け、米沢で製造のパソコンや米沢牛（一万円寄附すると五千円分）など全二十六品目とした。

それまでも議会で「もっと返礼品の金額を引き上げ、種類を増やすべきだ」という指摘を何人もの議員から受けていた。しかし、私にはためらいがあった。

そもそも、ふるさと納税の趣旨は、自分を育ててくれたふるさと、自分がお世話になった土地、自分の応援したいまちに、本来自分の住んでいる自治体に納めるべき税金の一部を寄附するということなのだが、豪華な返礼品目当ての寄附がどんどん増えてきた。たとえ数万円でも地元自治体に丸々取られるよりは、一万円ずつ幾つかの自治体に寄附して、それぞれの自治体から六、七千円分の特産品を返礼品としてもらった方が得だという計算である。

でも、本当にそれでよいのだろうか。平成二十年にふるさと納税の制度が始まって以来、米沢市にもたくさんの方から納税（寄附）があった。数カ月に一度、私のところへその一覧が回ってくる。寄附理由欄には「米沢で大学生活を送り、まちの人たちに親切にしてもらった」とか「自分が元気でいる間はふるさとを応援し続けたい」など温かい言葉がいっぱい詰まっていた。

また、ふるさと納税の形を取らなくても、東日本大震災の折に「テレビで米沢が避難者援護に頑張っている様子を見た」と言って一千万円贈ってくださった人、「父から受け継いだ財産を父が誇りにしていた郷里へ寄附したい」と二億七千万円を遺贈された人、米沢から引っ越す時に「隣近所の皆さまにお世話になった」ことから、二百万円寄附していかれた人。みんな、お金と温かい心が表裏一体となっていた。

昭和十一年、米沢出身の秋山武三郎という方が米沢市に教育基金として二十万円を寄附された。当時の市の予算が三十九万円であるから大変な額だ。少年時代から苦労して勉学に励んだ秋山氏は東京大学工科大学に在籍中、小野川発電所を設計し、米沢に初めて電灯をともしている。電気学会会長・電信電話学会会長をはじめ多くの会社・団体の役員を歴任して、わが国の電気・電信事業の発展に尽くした。同じく米沢出身の夫人と共に勤倹貯蓄に努めた結果、巨額の寄附をするに至ったのである。

金額の多寡はあっても、米沢を取り巻く人たちには秋山武三郎氏と同じ精神がいまも脈々と息づいていることが有難く、このまちの市長を務めていることが誇らしかった。だから、それとは対極にある世界に足を踏み入れるのがどうしてもためらわれた。

しかし現実には米沢市は財政難で、あまりひどくならないうちに軌道修正すべく財政健全化計画に取り組もうとしていた。背に腹はかえられないので、意を決して元旦から方針転換をした。

その結果、前年までは一千万円以下だった寄附額が、この年は十四億七千万円、翌年は三十二億七千万円となった。これは米沢市内で製造しているNECのノート型パソコンを高額納税者への返礼品としたことが大きかった。

ただし、担当者の話では返礼品の到着が遅い、果物の鮮度が悪いなどと、寄附者からの苦情電話が頻繁に来るようになったという。心配していたように、返礼品目当ての寄附になってしまったのだ。

いくら地元生産品の需要拡大に直結するといっても、地方の自治体が特産品を武器に都会の自治体から税金を吸収する、地方の自治体同士が同じパイを奪い合うという様相を呈している現状から、このふるさと納税制度はいずれ見直される時期が来るのではないかと考えている。

重点道の駅

米沢市が建設準備中の道の駅が国土交通省の「重点道の駅」に選ばれ、東京で選定証の交付を受ける。これは道の駅を地域活性化に生かすため国が設けたもので、すでに優れた取り組みをおこなっている駅六ヵ所を「全国モデル駅」に、今後効果の期待できる新たな駅三五ヵ所を「重点道の駅」に選定した。選定されると助成金をはじめ国の援助を総合的に受けることができる。

東北中央自動車道の建設工事が進むにつれ、米沢の魅力発信基地の必要性が議会でも取り上げられるようになった。当初、高速道路の両側に設置するサービスエリアを想定したが、土盛りから始まる造成は地元負担で費用が巨額であるため手が届かなかった。そこで道の駅にすることにした。

サービスエリアであれ道の駅であれ、そこで販売される産品、提供される食事によって、立ち寄り客の興味を掻き立て、米沢の街なかへ誘導してこそ合格である。そのような本質的役割を考えると、サービスエリアではなく道の駅であっても何ら差し支えない。

建設場所については、中央インターチェンジの設置される上郷地区と北インターチェンジのある窪田地区の双方から要望があった。これも上郷小学校、第四中学校の改築問題のときと同じく、公正に決めるようにした。市内の各専門分野から代表者に出ていただき、検討委員会をつくって十分議論してもらった。当然、はじめから結論ありきのようなことはしなかった。

上郷地区に建設場所が決定した。西側が高速道路に接しているだけでなく南側は県道に接しているため、県道の利便施設の意味合いもあったのだが、県に対して望める費用負担は僅かなものだった。しかし、いくら米沢市の負担額が大きくても、将来にわたる経済効果を考えれば是非建設しなければならないという決意だった。

その後、国の方針が変わり、これまで道の駅は国の補助対象外であったのが、地域振興の観点から補助対象となった。運が強かったとしか言いようがない。米沢市は山形県の玄関口であり、県全体の魅力発信基地にもなり得る地理的条件を備えていたのが、選定された主な理由だった。

オープン後も工夫改善を重ねて、年々魅力度の向上を図り、街なかへの誘導役を十分果たせる道の駅になるよう期待したい。

輝くわがまち創造事業

「輝くわがまち創造事業」の第二年度発表会が文化センターで開かれる。この事業は私の市政三期目のいわば目玉事業だった。市内十七地区がそれぞれの地域資源を生かし、住民自らの手で魅力ある地域をつくってゆこうとするものだ。

地方の過疎化が大きな問題となっているが、人の過疎が起きる前に心の過疎が発生する。自分の住む地域にしっかり根を張って、地域を良くしようという考え方・生き方の希薄化である。この事業は希薄化とは逆に濃縮化を図るものだった。

平成二十四年度は地区内で事業推進組織を立ち上げて、企画会議。二十五年度・二十六年度・二十七年度の三ヵ年で事業をおこなう。市からは一年に付き百万円の補助金が出る。事業期間は最長三年で、一年もしくは二年で終わってもよいし、そもそも事業に手を挙げなくてもよかったのだが、どの地区も三年コース、すなわち三百万円の補助金が付くものに手を挙げた。

そして、毎年度末に十七地区合同の事業進捗状況発表会をすることにしたのだ。この日は万世、塩井、窪田、上郷の四地区代表による発表だったが、他地区の事業の一部を紹介する。

まず、松川地区。ここは新しくできた地区で、町内会での住民交流はあっても地区全体での交流はいまひとつ進んでいなかった。そこで地区大盆踊り大会が企画され、輝くわがまち創造事業の補助金の一部でやぐらがつくられた。つぎに愛宕地区。パークゴルフ場やドッグラン（犬の運動場）などを地区民の労力奉仕で整備し、資材の購入に創造事業の補助金を当てた。

つづいて六郷地区。地域の伝統食、伝統料理を見直すべく、主婦たちが腕によりをかけて四季ごとのコミセンレストランを開いた。さらに南原地区。伊達政宗の使者としてローマ法王に面会した支倉常長生誕の地としての史跡整備をおこなった。

本当によいまちというのは市民自らがつくりあげるまちであって、誰かにつくってもらうまちではない。常々私は「まちづくりはレストラン方式ではなく芋煮会方式で」と市民に訴えていたが、その具体的な政策がこれだった。芋煮会はみんなでワイワイガヤガヤしながら準備する。全員が当事者なのだ。その反対はレストラン。市役所がお店で市民はお客。お客様は料理が出てくるのを待つだけ。気に入らなければ、他の店（市）に移ることもある。

市民みんなが権利と義務を有して、当事者として社会づくりに参加するのが民主主義であり、地方自治なのだ。輝くわがまち創造事業によって、そのような意識が市民の間で深まることを願っていた。

三月二十四日（火）

財政健全化の落とし穴

一年間の市の予算を決める三月議会の最終日。市の特別職、一般職の給与を減額する案を提出し可決された。四月から概ね三年間、市長は二十パーセント、部課長は八パーセント、一般職員は六パーセント給与が減額される。（副市長等も減額）。議会も同調して、議員発議によって八パーセントの報酬減額を可決した。これで年間二億五千万円の支出削減を図る。

どうして、このようなことになったのか。市の財政が悪化していた。平成二十四年度、二十五年度の決算がそれぞれ四億七千万円、二億九千万円の赤字で二十六年度は十一億円の赤字が見込まれていた（結果的には七億七千万円）。景気回復傾向から増収を見込んでいた市税が逆に減少した、国からの普通交付税が見込みより減少した、豪雪の年が続いて除雪費が増大したなどがその原因である。

行政サービスのレベルを大幅に上げ下げしない限り、市の支出は毎年ほぼ一定である。その一方、収入は景気の動向などによって上下する。だから赤字の出る年もあるが、それだけでは問題とならない。年度ごとの変動に備えた財政調整基金というのがある。黒字の年度には一定程度積み立て、赤字の年度には穴埋めのため取り崩す。言うなれば貯金である。

米沢市ではこれを通常で二十億円ほど、多い年度では三十億円ほど持っていたのが、平成二十六年度末には十三億円まで目減りしていた。基金がゼロの状態で赤字が出れば、国から借金をするしかない。すなわち本当の意味での赤字財政である。

そこで、三年連続の赤字から脱し、四年目以降は黒字決算にして、もとの貯金高まで戻して財政の安定を図ろうという話である。そのために五年間の財政健全化計画を立てることにした。当然事業の見直しが必要だが、その前に職員の給与減額をおこなうことにしたのである。

給与を減額するなどという情けないまねはしたくなかったのだが、議会に提案する時点では三年目の予想赤字が大きく、貯金が底をつく危険性があり苦渋の選択だった。組合との交渉では何度も頭を下げ、職員全体への説明会も開いて理解を求めた。

しかし、給料を下げられて喜ぶ職員がいるはずもない。職員だけでなく、その家族にも「給料を減らさざるを得ないような財政運営をする市長」として恨んだ人は多いと思う。市長選においても、財政赤字は格好の攻撃材料を相手陣営に与えてしまった。

選挙に敗れて市長を引退した冬、雪がまったく降らずに除雪費が前年より十億円少なくて済んだ。職員給与削減・ふるさと納税の効果も相まって、年度末の財政調整基金は約二十億円まで戻った。そして翌二十八年度末の基金は財政健全化計画の進行により約二十三億円になった。

六月一日（月）

早朝サイクリング

十一月の市長選に備えて早朝サイクリングを始める。朝の五時半頃に家を出て、犬を連れての散歩、花の手入れ、畑仕事などをしている人たちと会話を重ねるのだ。一日に二十人と言葉を交わせば十月末まで五か月続けたとして、三千人と話ができる。二時間ほど回った後は街の辻々で街頭演説。そして八時三十分までには市役所へ、と

いうスケジュールだ。(ちなみに、米沢におけるハンドマイクを用いた街頭演説の元祖は私)

この早朝サイクリングはさまざまな発見があって、収穫が大きかった。田んぼ道で犬を散歩させている年配の(といっても私と変わらない)男性と話した。犬を飼う人が多くなったのは、家に若い衆がいないからだ。子どもたちが巣立って夫婦だけになると、寂しさをまぎらすために、みんな犬を飼う。若い人が残れるようなまちにしてもらいたいと要望を受けた。

山手の集落では無人販売の店を発見した。集落のメインストリートに面した一坪ほどの建物だ。山菜、野菜が袋入り百円均一だった。集落の住民で運営組織をつくり、地域おこしの一環となっている。住宅街の一角に百合の花がたくさん咲いている畑があった。あまりにもきれいなので、草むしりをしているお母さんに声をかけた。百合の花を育てているその人は、わが亡父の小学校の同級生だった。

他にも、ゴミ袋片手に散歩して毎日道路のごみ拾いをしている人、街路樹の下に花を植えてせっせと手入れをしている人など、「知られざる奉仕者」を幾人も発見した。妻も六月から、自転車に乗って市内全戸(約三万三千軒)への「市政報告新聞」配りを始めたが、いろいろな人との出会い、新たな発見があったという。

だが、楽しいことばかりではなかった。市内各所で毎朝ラジオ体操がおこなわれている。サイクリングの途中でそのラジオ体操に加えてもらうこともあった。あるスーパーの駐車場でのラジオ体操。終わって腰を下ろしていたら、年配の女性が声を掛けてきた。「市長、こんど建つ図書館の駐車場、何時間まで無料や」「三時間です」「そげな短い時間では、駄目だべちぇ。なぁ、みんな」。

私は一般の利用者にとって三時間が短いとは思えなかった。参加者が和やかに散会するひとときに市政批判をして、「ほら、見ろ」と言わんばかりの市民が現れた気がした。反対勢力による新文化複合施設ネガティブ・キャンペーンがだいぶ浸透しているのではないのか。嫌な予感がした。

六月二十日（土）

起業する若者たち

伝国の杜・上杉博物館大会議室で「起業する米沢の若者パネルディスカッション」を開催する。「ふるさとの魅力」の項にも書いたが、十二年間の任期のうち後半の方で私は折に触れ「寄らば大樹の陰」も悪いとは言わないが「自ら大樹になる」道もある、と説いてきた。

四十歳未満の若い人が起業する場合、上限五十万円（独創的技術による場合は百万円）の補助を出す「若手企業家支援事業費補助金」の制度をすでに設けていたが、実際に自らの足で立ち上がっている地元の若者を紹介し、米沢の子ども・若者たちへの励ましや参考にするのが催しの目的だった。産業別に工業、商業、農業から一人ずつ選んでパネリストになってもらった。

工業からはオーダーメイドの福祉用具を作る会社を立ち上げた男性。障がい者といっても抱えている障がいは人それぞれで、求められている製品も一人ひとり異なることから事業を始めた。商業からはカフェを営む女性。東京からのUターン組。米沢は個性のある人が多いので、たくさんの人が出会えるプラットホームのようなカフェを目指したいという。農業からは四国出身の男性。会社の転勤で米沢にやって来た。美味しい野菜は体が喜ぶことを知り、農薬も肥料も使わない自然栽培の農業を始めた。

彼らには共通点がある。若いときに県外や海外に出て広い視野を持ったことと、世の中を自分なりに変えてみようとの思いがあることだ。若者が地元に定着するためには、夢と希望を抱ける職場のあることが何よりも重要である。三人はその職場を自分の手で創り出している。このような若い人たちがどんどん増えてゆくことを期待したい。

六月二十七日（土）

奇跡の歌姫　渡辺はま子

おしょうしな観光大使・五大路子さん主宰の横浜夢座による演劇「奇跡の歌姫　渡辺はま子」が伝国の杜ホールで昼夜二回公演される。この年は戦後七十年の節目だった。そこで、市民に平和の大切さを考えてもらう事業をいろいろおこなった。その一つがこの公演だった。

終戦後もフィリピン国モンテンルパの刑務所には百人を超す日本人が戦犯として収監され、日本国民からは忘れられようとしていた。彼らの中で作詞・作曲された歌「あゝモンテンルパの夜は更けて」が当時人気絶頂の歌手・渡辺はま子のもとへ送られてくる。「支那の夜」「蘇州夜曲」「サンフランシスコのチャイナタウン」など数多くのヒット曲によってチャイナメロディの女王と呼ばれていた彼女は、戦時下の中国で軍隊慰問を精力的におこなっていた。歌で励まして兵士たちを前線に送ったことへの強い自責の念から、彼女はモンテンルパの同胞を救うべく一人で立ち上がる。

渡辺はま子の実話を基にした演劇である。横浜夢座が過去にこの芝居を制作・上演したことを知った私は、五大さんから送ってもらった公演のＤＶＤを観て、戦後七十年の事業としてこの作品を市民に鑑賞してもらいたいと思った。

しかしながら、制作費を考えると米沢市単独では無理なので、他市にも呼びかけてツアー公演にできないかと思いついた。戦後七十周年に平和事業を予定している市は他にもあるはずだ。

宮城・山形・福島・新潟の近隣四県のうち、日頃交流のある市長たちに営業をかけた。その結果、山形市、新潟市、上越市、南魚沼市での上演が決まった。横浜市では渡辺はま子の母校である捜真学院で午前・午後の二公演、米沢市でも昼・夜二公演を行うことにしたので、全部で六都市八公演のツアーとなった。

あとはチケット売りである。沖縄市長による平和講演のときの秘書広報課、市民ミュージカル荒川公演のときの商工課、田んぼアートサミットのときの農林課と同じく、総務課職員が一丸となって頑張り、当日は昼の部も夜の部も超満員。観客のアンケートにも感動の言葉が溢れていた。米沢市の職員は立派に市民へメッセージを伝えられる公務員になっていた。
脚本の山崎洋子さんがパンフレットに書いている言葉が心に残る。「終戦から七〇年、戦争を知らない世代の方が多くなったいま、この芝居が上演されることは、大きな意味を持つと私は思う。いやぜひとも、一人一人にその意味を考えていただけたらと、願わずにはいられない。もしいま、日本の社会が戦争に近づいているとすれば、その責任は私にも、あなたにも、あると思うのだ」

七月九日（木）

セカンドホーム

わが家でもセカンドホームをおこなう。市民が自宅に学生を招いて夕食をともにするイベントだ。米沢市内には山形大学工学部、米沢女子短期大学、米沢栄養大学と三つの大学があり、約四千人の学生が生活している。しかし、学生はたいていアパート住まいのため市民とほとんど交流がない。

工学部の先生から「OBがやってきて現役学生に授業をする講座があり、あるOBが教壇に立ったら最前列に座っていたのは学生時代お世話になった下宿のおじさんとおばさんだったので、涙で目がかすんでしまい、しばらく話を始められなかった」というエピソードをお聞きしたことがある。現代ではそのようなうるわしい話が生まれる素地はほとんどないといってよい。

だが、一方では参与（市と工学部のパイプ役、産業政策の相談役として、工学部から市役所へ定期的に来ていただいている教授）が実施したアンケートでは、学生が地域に望むものとして「市民との交流」が多く挙げられていた。そこで、学生と市民との交流のきっかけづくりをしたいと考えた。

全国から集まり、卒業すればまた全国に散らばる学生はいわば長期滞在型の観光客、米沢の口コミ宣伝部隊、友人や家族を連れて再び訪れるリピーターの予備軍でもある。この若者たちに「米沢はいいまちだ」と思われるのとそうでないのとでは、天地の差がある。

参与をはじめ三大学の先生方に全面的な協力をいただき、セカンドホームが平成二十一年から始まった。初年度の参加学生九十五人、受け入れ家庭四十五軒。七年目のこの年には学生百九十七人、家庭六十六軒まで増えていた。夕食準備にかかる費用は全額受け入れ家庭の自己負担である。

夜、わが家にやってきたのは工学部の四年生二人と大学院生一人の男子三人組。それに学部長もお招きした。セカンドホームの様子を大学の責任者に見てもらいたかったからだ。前年のお客様は米沢女子短大の学生たちだったので、鈴木道子学長もお呼びし、和やかに食事会をした。

山大の学生たちは全員成年だったので、酒も出した。飯塚博学部長は元の参与でもあり、私と十分気心が知れていた

わが家でのセカンドホーム。左から三人目が飯塚博工学部長

ため、盛り上がった宴会になった。

　このセカンドホームが縁で卒業後も交流が続くようであれば一番望ましいのだが、たとえ一晩だけの交流で終わったとしても、学生にとっては忘れ難い思い出となるはずである。

「せっかく自前でご馳走したのにお礼の葉書一枚よこさない」という苦情も当初はあって、担当職員たちは学生の指導に粘り強い努力をした。現在は受け入れ家庭に対して学生一人に付き千円の商品券を差し上げているようだが、手法はどうあれ長く続いて欲しい事業である。

　ついでに述べると、参与職の設置によって市と大学の信頼関係が強固なものになった。オフィス・アルカディアの西側がサイエンスパークとして充実してきているのは、信頼関係構築の成果であると考えている。

七月二十一日（火）

最後のトラブル

来年四月一日に予定されている新文化複合施設のオープンが、延びて七月一日になる旨を議会（総務文教委員会）に報告した。冬の大雪で工事がなかなか進まなかったことに加えて、度重なる工事の遅れから鉄筋工・型枠工の確保が難しかったことが理由だった。これが新文化複合施設建設における五番目にして最後のトラブルだった。

三年前の八月臨時議会で、当初計画したポポロビル跡地ではなく、西隣のまちの広場に建てる案が了承された後も、次から次へとトラブルが生じていたのだ。

建設地変更を第一のトラブルとするなら、第二のそれは翌年三月の議会にかけなければならない「広場の設置管理条例廃止」の議案だった。新文化複合施設建設のためにまちの広場を広場でなくするという事務手続きの議案だったが、これが高いハードルになった。建設地の地元である中部地区の一部住民によって、まちの広場への建設反対運動が起きて署名活動が広がり、議案が否決される心配が出てきたのだ。

そこで新文化複合施設の必要性を再度市民に理解してもらうべく、市内十七地区すべてのコミュニティセンターを会場にして市民説明会を開いた。また、建設反対運動の広がりに危機感を抱いた米沢市商店街連盟、米沢市芸術文化協会、新図書館早期実現を望む会の三団体から市長と議長に対し、施設の早期完成を求める要望書が前年に引き続き重ねて出された。そして三月議会において13対10で可決された。

続く六月議会に第三のトラブルが待っていた。この年度には本体工事などを予定していたが、東日本大震災の影響から資材高騰・人件費上昇が生じ、建設費を四億三千万円増額する議案を提出しなければならなかった。これについても、議員から「読みが甘い」「市民に説明がつかない」などと批判が集中したものの、結局は14対9で可決した。同じ理由で第四中学校の建設費も三億八千万円の増額提案をしたが、こちらには批判が出なかった。新文化複合施設に対する議員の意識がうかがえる対応差だった。

四番目のトラブルの始まりはその年の十月末だった。建設地での基礎工事中に地下から大規模なコンクリート構造物が出てきた。調査の結果、まちの広場になる前に建っていたデパートの浄化槽と判明した。年が明けてから議会に報告し、これに対処するには特殊工作機械が必要で、さらに一億六千万円かかることを説明した。これにも「事前になぜ分からなかった」と批判が出た。

そのうえ、浄化槽周辺の土留め工事などを議会の予算議決を経ずに進めたことも批判を受け、二月五日に臨時議会を開いて工事費増額を提案したが、11対12で否決されてしまった。

基礎工事が進まなければ、新文化複合施設は国の補助期限までに建たない。やむなく仕上げ部分の一部のランクを下げ、全体の工事費を圧縮することにして議会を説得し、三月議会で浄化槽対策の予算案は可決した。今度は20対3だった。この時も米沢市芸術文化協会と新図書館早期実現を望む会から施設の早期完成を求める要望書が議長に対して出され、市民の署名活動も展開された。

平成二十三年の三月議会において、新文化複合施設の建設は圧倒的賛成多数（18対5）で可決していたが、紆余曲折の末、ようやくスタート時の状況まで戻ることができたのである。そして私は議会と市民に迷惑をかけた責任を取って、四月分の給与を五十パーセント減額することにした。（副市長は三十パーセント）

冒頭に述べた五番目のトラブルの後は工事も順調に進み、平成二十八年七月一日に新文化複合施設は開館した。最初の予定より二年遅れ、建設費も当初は二十億円で済むはずだったものが、結果的には二十六億円になっていた。

中心市街地活性化を目的として計画された新文化複合施設ではあったが、私はそれだけでなく「まちのまん中になにがあるかで、そのまちの性格が決まる」との持論から、「教育と文化のまち」とされてきた米沢の中心地点には図書館・市民ギャラリーがふさわしいと考えていた。

しかしながら、トラブルが起こる度に「市長が必要のないものを無理に建てようとしている」という声が市民の間に広まり、米沢人が長い間育んできた米沢の特性「教育と文化のまち」が危うく変容しかねないところだった。

次々に発生したトラブルは私の市政運営の拙さを市民に印象づけ、新文化複合施設の価値に疑問を抱かせ、結局は選挙の敗北原因の大きな一つとなった。開館の二日後、近くのレストランで私の後援会が祝賀会を開いた。八十名近い出席者の間からは「これが選挙前にオープンしていたら」という声も上がったが、建設自体が潰れなかっただけでもよしとしなければならない。

余計なことだが、祝賀会では新文化複合施設の愛称「ナセＢＡ」は全部をローマ字で表記するとＮＡＳＥＢＡとなり、逆に読めばアベサンだという話が巷で広がっているとの話題も出た。

私は在任中「米沢図書館は専門性の高い蔵書が多く、研究者の間では有名なので、なまじ愛称は付けないほうがよいと思う」と教育委員会に対して述べていた。私の退任後、愛称を付けることになり、上杉鷹山の「なせばなる」にちなんだものが公募の

新文化複合施設の内部(図書館)と外観

結果選ばれたようであるが、このローマ字の逆さ読みには苦笑いするほか術がない。

それはさておき、開館から一年五か月の間に六十三万人強の入館者があった。一日に約千四百人が出入りしている計算だ。新聞・雑誌などをゆったりと読んでいる大人たち、手をつないで本を探す親子連れ、試験勉強の中高生などで図書館は賑わっている。（もちろん、受付カウンターで何冊も本を借りている人の姿も）。階下の市民ギャラリーも様々な展覧会が次々に開催されて活況を呈しており、市民の間に再び「米沢は教育と文化のまち」との認識が高まる兆しがうかがえる。

十三年ぶりの再会

九月十一日（金）

数え年百歳を迎えた方には寿詞（お祝いの賞状）と祝金十万円が市から贈られる。例年該当者は三十人以上おられて、しかも年々増えている。この方々のうち施設などではなく自宅におられる方へは、敬老の日を前にして市長がお祝いに参上する。

この日伺ったのは吹屋敷町のさるお宅。その家には見覚えがあった。もしかしてと思いつつ茶の間に上がらせていただき、百歳の方にお会いする。思い違いの心配もあるので、話をして確認するとやはりあの方だった。

私が全戸訪問をしていた十三年前の夏、脚立に上がってサクランボを収穫しているご老人を見つけ、下から声を掛けた。が、まったく相手にされない。まさに「取り付く島がない」という雰囲気だった。しかし、ここで引き下がったのでは仕事にならない。とにかく自分というものを解かってもらわなければならない。

例によって、会話の中でこの人との共通の人脈探しを始めた。そうしたら、わが家の親戚の親戚の親戚がこの方であることが分かった。すると、その人は脚立から下りてきて、帽子を脱いで丁寧に「どうが、頑張ってくだい」と励ましてくれたのだ。逆算してみるといま目の前でニコニコしているこの方は、あのとき八十六歳で脚立に上がりサクランボをもいでいたことになる。肩を揉んで長寿健康をお祝いした。

次に伺ったお宅も忘れ難い。百歳の方は戦争未亡人で、女手ひとつで一人娘を育てられた。娘さんはお婿さんを迎えたが、その方はもう亡くなっておられた。七十代と思しき娘さんが百歳の母親を優しい声で「ゑいちゃん」と呼んだ。それを聞いて、母娘が戦後をどんなふうにして生きてこられたのか、瞬時に想像できた。ここでもお母さんの肩を揉んでお暇した。

九月十三日（日）

不吉な予感

直江石堤のある海老ヶ沢での芋煮会に行く。初めて市長選挙に出た年から当選した年までの足掛け九年間、ずっと芋煮会回りをしていた。街の東の海老ヶ沢橋付近、街なかの万里橋付近、街の西の松ヶ根橋付近の三か所が米沢の三大芋煮会会場だ。ここを回ってまちづくりアンケートはがきを配り続けた。

芋煮会は毎年同じグループが同じ場所でやることが多く、次第に芋煮会に現れる私のことが話題になり、当選した年などはビニールシートの車座へ近付いてゆくと、私ではなく車座のグループのほうからオーラが立ち昇るのを感じ取れた。

初期の頃は酔客にからまれたり、福引景品の女性下着を面白半分に押し付けられたりと、情けない目にもいろいろ遭ったが、年月を重ねるうちに芋煮鍋を囲む人たちと私との間に信頼関係が生まれていった。

当選してからも、年に一度は芋煮会に行くようにした。芋煮会会場を手ぶらでさりげなく歩く。どこかのグループから「一緒に入れ」と声が掛かれば合格。掛からなければ落第。自分への支持がどの程度保たれているかを試すのだ。だから、何気なく歩いているように見せていても、本当は油汗が出るほど緊張して歩いている。有難いことに毎年、必ず声は掛かった。

この日も子育て世代の若い父親、母親の座敷から声が掛かった。二十人ほどはいたと思う。芋煮をご馳走になりながら話が始まった。「子育て支援にお金を使って欲しいのに、なぜ図書館なんか建てるのか」と聞く母親。私が答える前に「長い目でみれば図書館も子育てには必要」と擁護する別の母親。親たち同士で討論会が始まった。だが、話を聞いていると、図書館必要派と不要派は半々だった。

実は子育て中の若い母親と思われる人たちから二通、手紙をもらっていた。両方とも「図書館を建てるお金があるなら子育て支援に使って欲しい」というものだった。毎年六月の広報に折り込む市長への手紙をはじめ、いろいろな手紙が私宛に届いていたが、若い母親から来ることは滅多にない。

このことから、母親たちの間に同様の意見がだいぶ広がっているのではないかと危惧していたのだが、それが目の前で現実に繰り広げられていた。不吉な予感がした。

十一月二十日（金）

四選ならず

十五日に火蓋を切った選挙戦も終盤の二十日、グランドホクヨウを会場にして決起大会を開催した。前日の山形新聞は「安部氏、中川氏激しく競る」の見出しで相手が私を追い上げ、激しく競り合う展開になっているとの記事を載せていた。しかし、私の陣営は焦らなかった。投票日三日前の新聞でこのように書かれるのであれば、過去の経験から最後は突き放せると考えていた。

決起大会には普通の市民が七百五十人ほど集まった。二日前に伝国の杜ホールで開かれた相手陣営の決起大会はほぼ満員だったというが、客席は五百席しかない。そして、なにより中身の違いに自信を持っていた。

向こうは選対本部長を国会議員が務め、県選出の国会議員・地元の県会議員が勢揃いしただけでなく、東京からは自民党の要職にある国会議員が二人も応援にやってくる自民党総がかりの組織選挙。市内の大手建設会社の半分がそれを支えていた。（あとの半分は静観）。一方こちらは高校の同級生や普通のサラリーマン、政治家では地元市会議員の他に日頃から交流の深い相馬市の市長、地域おこしに熱心な隣町の町会議員などが応援弁士を務める庶民の大会。まったく異なる風景が展開された。

風景こそがものごとの本質を物語る。権力を握る強大な組織を名もない庶民の結集が打ち破る、これこそ自分がもっとも理想としてきたところだ。だから、黒澤明監督の映画「七人の侍」に登場する武士と農民の結束を表す旗を毎回の選挙で掲げてきたのだ。接戦の末ではあっても、ここで自分が勝つ。目にもの見せてくれようと思った。(大勢が寄ってたかって一人をせめている、これに勝てば

決起大会にて。先頭は冬空の月を表す三十郎旗、続いて「七人の侍」の旗。横書きのスローガンは「市民の市政を手放すな!」

イジメに悩んでいる子どもたちへの励ましになる、と言う支持者もいた）
しかし二日後の投票において敗れてしまった。一万八八三七票対二万九一一票。差は僅か二千票だったが、毎回二万三千票から四千票で当選していたことから比べると、五千票から六千票減っていた。自分の政治が市民からそんなに悪く評価されていたのかと思うと大きなショックだった。冷静になって考えれば、新文化複合施設、財政健全化の両問題が大きな敗因として挙げられる。その他にもいろいろと考えられるが、もはやそれは述べても仕方がない。
ただ、あえて二点だけ言及することをお許しいただきたい。一つは、地方選挙はどのような観点でおこなわれるべきかについて。政治の本質は権力闘争でありその手段が選挙であるという考えは、それが全てではないにしても間違ってはいない。だが、地方自治体の首長選挙は「どのようなまちをつくってゆくか」という選択を市民がおこなう機会でもあり、むしろそちらの方が優先されるべきものだと思う。
結局、四選目は「権力闘争」に「まちづくり」が負けてしまったのだと捉えている。もちろん、自分の拙さ・非力さから敗れたのであるから、自分以外の誰のせいでもない。

もう一つは、国民みんなが平等に暮らせる社会のために鳴らしたいと思う警鐘。それは思想差別、政党差別についてである。選挙戦が熱を帯びてくるにつれて「現職市長は共産党」あるいは「共産党が応援する現職市長」というキャンペーンを相手陣営が張った。

またか、と私はうんざりした。市長に当選するまでの三回の選挙でも張られていたものだ。もちろん、私は一貫して純粋無所属である。市長当選後二回の選挙ではそのようなキャンペーンもなく、もう「共産党」というレッテル貼りは時代遅れで、効き目がなくなったのだと思っていた。

だが、激しい選挙戦となってそれが再発した。共産党が自主的に応援活動をするのに対して私は何も言わなかったのだが、それが宣伝材料に使われた。相手陣営の、誰でも知っている有名議員が住宅団地回りをした。とある家で「市長は共産党」と言ったところが、「そんなことはない」と反論する家の人と口論になった。なるはずである。そこは私の妻の実家だった。

共産党は日本国憲法の保障する「思想の自由」の下で活動しているれっきとした公の政党である。共産党のレッテルさえ貼れば有権者の心は離れるとする意識は、共産党や国民に対する冒涜であるだけでなく、日本を差別社会に導きかねない悪しき種である。

最後のメッセージ

十二月十五日（火）

「広報よねざわ」十二月十五日号の発行日。私の任期中に出される最後の市報だ。市民に向けて最後のメッセージを書いた。それを掲載したい。

退任のご挨拶

十二月二十一日を以って市長職を退任することになりました。三期十二年の間、市政に対してご理解とご協力を賜りましたことに深く感謝申し上げます。米沢市の今後の飛躍について簡単に所感を述べ、市民のみなさまへの最後のメッセージと致します。

第一は産業についてです。ここ一、二年企業誘致が進んでいます。退任前にさらに一つ喜ばしい発表を致しますが、とにかく若い人たちが残れる、戻れるためには雇用の確保・拡大が大切です。そして市民所得向上のためには、全ての産業において付加価値の高い仕事をすることが肝要です。幸いなことに米沢は三つの大学を擁し、その活用によって産業の高付加価値化を図れる可能性に満ちています。

第二は福祉についてです。少子高齢化や格差拡大の進む社会において、地方自治体はみんなが安心して暮らせることを大前提としたきめ細やかな政策を立ててゆかなくてはなりません。ただし、財源には限りがありますから、市民憲章にもあるように「互いに助け合い」の精神も一方では重要です。まさに愛と義のまちの本領発揮が求められます。

第三は教育についてです。次の世代をきちんと育てないとまちの発展は望めません。米沢は昔から教育・文化を大事にして人を育ててきましたが、幾つかの高校が郊外に出てしまい、街なかから高校生の姿が激減しました。しかしながら、新文化複合施設のオープンによって高校生が街なかに戻ってくるはずです。高校生に限りませんが、市民の目の届くところで子どもたちを大切に育てたいものです。

第四はまちの姿についてです。近頃、道にゴミの落ちているのが目につくようになりました。ゴミのポイ捨ては住民の心を荒廃させてゆきます。みんなが気持ちよく暮らせる清潔なまちというのは重要なことです。また、本市が進めてきた「花と樹木におおわれたまちづくり」計画によって、市民のみならず、訪れる人からも好きになって貰える美しいまちを目指したいものです。

米沢市の限りない発展を祈念し、ご挨拶の結びと致します。誠にありがとうございました。

十二月十八日（金）

最後の仕事

国立米沢病院（独立行政法人　国立病院機構米沢病院）の敷地内に改築を進めていた「いこいの家」の竣工記念式に出席する。同病院には重度心身障がいの方が百名以上入院されている。米沢の人は一割ほどで、あとは県内外から。東京都の方も数人おられる。

「いこいの家」は入院患者家族の利便施設として、昭和四十四年に山形県が建設費の三分の二、米沢市が三分の一を負担して建てられた。山形県と米沢市で重症心身障がい児施設協力会を結成しているのだ。

約半世紀を経て老朽化が著しいだけでなく、段差や階段があって車イスでの利用は困難だった。そのため、数年前より家族会から協力会に対して改築の要望が出ていた。協力会の会長は米沢市長が務めることになっており、私は重度の心身障がい者を抱える家族の大変さを考えたとき、そのぐらいの要望には応えなくてはと考えていた。

だが、ことはそう簡単に進まなかった。協力会の事務局である市の社会福祉課が県に対して、最初にいこいの家を建てたときと同じく県が三分の二、市が三分の一の負担で改築したい旨を相談したのだが、県の担当部署からの返答は施設利用の意義がなくなったので改築は考えられないというものだった。

しかし、遠方からの家族が宿泊する、患者と家族が病棟ではなくいこいの家で面会して水入らずの時間を過ごす、ボランティアが宿泊に利用するなど重度心身障がい者の家族支援という観点からは必要性がなくなったとは考えにくい。

市職員が宮城県の同種の施設を視察してその有用性を確認し、米沢病院の院長からは患者が家族と一緒の時間を過ごすことで病状の安定が期待できるとの意見書をもらうなどして交渉を続けたが、事態は一向に進展しなかった。

先にも触れたが上杉鷹山の正室も重度の心身障がいがあり、鷹山は彼女を大切にしていたという有名な逸話が残っている。米沢の市長が同じような障がいを持つ方々の家族のお役に立てないなどということがあってはならないと思い、県の上層部に対し「われわれは一緒になってケネディ大使を招こうとしているのだから、県にも上杉鷹山がおこなったようにしてもらいたい」と強く申し入れたが理解は得られなかった。
そこで、これ以上県をあてにするのは無理と判断して、市が独力で建設することにした。米沢出身の女性が亡くなる前に米沢市へ寄附された三千万円を基金として取ってあった。病気の母親を看病しながら蓄えられたお金である。寄附者の遺志にかなうと考えて、そのお金に市の支出を上乗せして、いこいの家を建てた。

十二月二十一日(月)

最後の訓示

十二年間の市長職もこの日をもって終了。午後から六階大会議室で職員を集めての退任式があった。そこで私は次のような最後の訓示をした。

自分の心の一番奥底の声、すなわち良心に従って仕事をして欲しい。たとえば、市民から困りごとの相談を受けた職員が上司に報告したにもかかわらず、上司が取り合わなかったため大変な事態が生じたとする。この場合、上司だけが悪いということにはならない。事の重大さを感じたなら、その上の役職者へ直訴するぐらいの勇気が必要だ。それが自分の良心に従って仕事をするということだ。

そのようなことが可能となるためには、組織に「自由の風」の吹いていることが大事だ。上司も部下も自由にものを言い合える組織風土こそが、よい仕事を生み出す。

いつの日か市職員のなかから、とりわけ女性職員のなかから市長が誕生することを期待する。これまで米沢市では職員から市長が出た例はない。いつか、自分が市長になる。それぐらいの気構えで仕事に励んで欲しい。

職員とのミーティングで私は「市役所、行政はたしかに税金で回っている。でも、それだけではない。市長や職員の心の力で市役所、行政が回っていると胸を張って言えるようになりたいものだ。言うなれば心力行政だ」と述べてきた。今後の職員一人ひとりの心の力に期待したい。

五時二十分頃、大勢の職員に見送られて市役所の玄関を出た。普通、このような場合は日中去ってゆくものだが、一日の仕事が終了する退庁時刻後に役所を去りたかった。しかし、十二月も末ゆえ真っ暗で、おまけに雨が降っていた。晴れやかさとは正反対のフィナーレになってしまった。市民ミュージカルのメンバーからも花束をいただいた。市役所前の道路付近には暗闇のなか、長い間支持してくれた仲間たちが待っていた。

むすびに

市政を変えよう、しかも根底から変えようと思い市長選に挑戦し、願いどおり市長になり、三期十二年市長職にあったわけだが、本当に市政は変わったのか、その前にどう変えようと考えたのかをまとめてみたい。

米沢工業高校の移転やオフィス・アルカディア事業推進の過程で、「農家（市民）には自分の将来設計についての自己決定権がないのか」という憤りを行政に対して覚えたのが、市長選出馬を決意した第一の理由だった。

私たちの世代までは、農家の長男だから農家を継がなければならない、電器屋の子どもだから電器屋にならなければならない、あるいは家業を継がないまでも跡取り息子（娘）だから、地元に残らなくてはならないというように、家庭の制約に縛られて居住地・職業を選択せざるを得ない風潮がまだ残っていた。

自分が納得してのことであればよいが、そうでない場合はいやいやながらの地元残留やＵターンとなりかねない。自分の人生に不本意な人たちの集合では地域は発展しない。このまちに住むことも、このまちでどんな仕事をするのかも、夢と希望を持って自己決定し、積極的に地域づくりに参加する。そういう人が増え、力を結集してゆくことでまちが発展してゆく。言うなれば、市民が主体的に暮らすまちである。このような考えのもとに自分は生き方を選択してきた。

これとは逆の方向に行政が流れてゆくのを感じ取って、市長選に出たのである。だから、「市民が主役」を旗印にして、市民がまちを好きになる、まちに仕事がある、まちづくりに参加する、といった方向に進んでゆく市政に変えようとしたのだ。

まちを好きになる、まちづくりに参加するについては、市民意識はだいぶ変わってきたと思う。ＮＨＫ大河ドラマ「天地人」放送の年に見られた市民挙げての観光客へのもてなしぶり、東日本大震災での市民の総力を結集した被災地支援・避難者救援。そして市内全地区で繰り広げられた「輝くわがまち創造事業」などにそれがよく表れている気がする。

市職員についてはどうか。市長就任時の訓示で職員に向かって私は「市長に仕えず、市民に仕えて欲しい」と述べた。そして受身ではなく能動的に仕事をする姿勢を職員に期待した。徐々にではあるが、職員は期待どおりの成長を遂げてきたと思う。

私のところへ市民からの手紙が届く。苦情ばかりではない。お礼の手紙もたくさんある。その中には「高額な商品を売りつけられ、困っているのを消費生活相談員に助けてもらった」「除雪がていねいで助かる、土木課のみなさん有難う」「市立病院のスタッフに大変お世話になった、市長から誉めてもらいたい」など職員への感謝の手紙も数多くある。

公務員としての職業生活の充実感というのは、まさしく市民から感謝されたときに味わうものだと思う。そして、市民は自分がこのまちから大事にされていると実感したときに、自分もこのまちのために何かしてみようという気持ちになるのだと思う。

まちに仕事がある、すなわち産業の振興については、三つのことが言える。一つ目は産業の重層構造についてである。工業・商業・サービス業・農業・観光業など、各産業が地域にバランスよく重なり合うように揃っていれば、地域経済は安定する。幸い米沢の産業は重層構造になっている。そのうえ、米沢は多様な資源に恵まれている。これらは大きな強みだ。

二つ目は人材育成である。米沢に工場を持つ会社の東京本社を訪ねると、どこの社長からも「米沢では真面目で一生懸命な若者を採用できる」と誉められる。たしかにそれは本当だと思うし、企業にとって重要なことだと考える。しかし、それだけでは地域における産業の発展は難しいのではないか。広い視野、自立心、独創性といったものに長けた若者が求められていると思う。そのように子どもたちが育つための、心の栄養補給にも心掛けてきたつもりである。

三つ目は独自技術を持つことである。私は「創造の連続」を社是とする会社に勤務して、このことを学んだ。この点、山形大学工学部の存在など米沢は恵まれた環境にある。市政においては山大発の新産業支援をはじめ、さらなる条件整備に努めてきた。むろん、独自技術というのは工業だけのことではなく、全ての産業について言えることである。

この三つが融合したとき、米沢は飛躍的発展を遂げる可能性が十分にある。その火付け役・呼び水役が市役所であれば、なお素晴らしい。産業界と同じく、市役所もまた行政における独自技術を開発できれば、十分その役目を果たせると思う。市民も市役所もこれからの若い人たちの頑張りに期待したい。

あとがき

この本を早稲田大学大隈通り商店街で妹の寛子さんと一緒に喫茶店「アリカ」を営んでおられた、故・渡邉恵美さんの御霊に捧げたいと思う。

私たち学生を渡邉姉妹は親身になって可愛がり、励ましてくださった。卒業後も交流の続いた学生は多いと思われるが、私の場合は米沢での結婚式にも、初陣の市長選にも駆け付けていただいた。

私たちが大学に入った四十数年前、学内にはまだヘルメットをかぶり鉄パイプを持ったいわゆる過激派集団がいたし、普通の学生でも授業料値上げ反対の学生集会やストライキに参加した。

事の善し悪しは別にしても、若者には社会を変えるという熱気があったと思う。ところが、今は若者に限らず国民全体が権威・権力を批判し、社会を変革しようとする力を失いつつあるように思えてならない。

なぜこのようなことになってしまったのか。理由はいろいろ考えられるであろうが、とにかくここは良識ある大人たちの頑張りどころではないのか。

私たちの世代（団塊世代のちょっと下）は戦争を体験せずに済んだし、年々暮らしがよくなる高度経済成長下で育ったし、受験競争が激烈なわけでも、いじめ問題が深刻なわけでもなかった。他の世代に比べれば恵まれて生きてきたと言える。

しかし、だからといって「得をした」と思いながら人生を終わってよいはずがない。政治状況がこのような有様になっていて、首相をはじめ閣僚の多くが私たちの世代であることからすれば、私たちは他の世代以上に現状に対して責任があると思う。

世の中は駅伝と同じである。前の時代よりも良い社会を築き、後の時代へそれをタスキのように渡してゆく。この繰り返しが本来のあり方だと思う。私たちが手本を示しながら、未来を切り拓いてゆく新しい芽として、若い人たちを育ててゆかなくてはならない。

この本を読んで自分も実直に、地道に政治をやってみようという若者が一人でも出てくれれば、あるいは健全な政治を求めて自分のできることをしようと考える若い有権者が少しでも増えるようになれば、自分の政治活動の総括ともいうべき本書の出版にも意義があったと言える。

それが二十年前に六十九歳で亡くなられた恵美さんへの恩返しにもなると思うのである。

平成三十年五月吉日

安部三十郎

安部市政の足あと（数字は平成年・月）

16・1　出張時のグリーン車利用を廃止
16・1　市職員との自由対話の日を月1回設定
16・2　市民と市長室で自由に対話する「市長と語ろう」スタート。月1回
16・2　市長の黒塗り高級専用車を廃止し売却、中古のハイブリット車に乗り換え。他自治体にも広まる。夜間・土日は経費節減のため極力タクシー利用。19年4月から専属運転手制も廃止
16・3　小中学校卒業式の市長出席校は従来出席していなかった郊外の学校へ。初年度は三沢西部小と七中
16・3　広域合併に関する全有権者アンケート実施。結果から当面は受動的に対応することを決定
16・4　政策提言などをする参与制度の新設。山形大工学部・福島大経済学部教授に委嘱
16・4　図書館に常設学習室および郷土資料室を新設。郷土資料室は増加する米沢の歴史に関する問い合わせ・調査でも好評
16・4　各種審議会・委員会の委員に公募枠を採用。委員が特定の人にかたよらないための「1人1役の原則」も定める
16・4　市長報酬を年200万円削減。3役では年間300万円の削減
16・4　なせば成る「元気な農村」開拓事業創設。切り口がハート型になるキュウリの開発など、新たな農業の取り組みを支援
16・4　成人式のスタイルを毎年工夫改善し出席者の満足するものに改める。年々出席者増加

16・7　喜多方・米沢間の定期バス運行（土・日・祝日）開始。18年4月からはイギリスのクラシックバスが会津・喜多方・米沢間を走る

16・8　市長交際費を100％公開しホームページに掲載。公費による結婚祝・病気見舞の廃止など使途内容を見直し、実質使用額を304万円（15年）から94万円（16年）に圧縮

16・8　図書館の利用時間延長。平日午後6時閉館を4～10月は8時、11月～3月は7時に

16・8　「未来まちづくり委員会」を組織。市民50人、職員50人で構成、市の新しい総合計画を市民と協働でつくる

16・9　米沢市長として初めて会津若松市の秋まつり行列に参加。米沢・会津観光連携に着手

16・11　市功績者の終身年金（年10万円）の廃止を決定。270万円の削減

16・11　企業誘致のための「オフィス・アルカディア応援会」発足。首都圏で活躍する置賜地方出身経済人で構成

17・2　市長が出向いて市民と対話する「出前市長室」開始。「市長と語ろう」の方式を改めたもの

17・3　卒業式祝辞の原稿は職員でなく市長自ら作成するよう改め、子どもたちに心からのメッセージが伝わるように努める

17・3　市職員採用の選考過程を明確化し、結果を開示。1次試験（学科）は得点状況をホームページで公開、2次の面接は評定を点数化する

17・4　放課後児童クラブへの家賃補助を17年・19年の2度増額

17・4　小規模作業所への家賃補助を新設

17・5　窓口業務の時間を延長（原則火・木）。午後5時を6時30分まで

17・5　課ごとの朝礼実施。市長も各課でスピーチ、職場に朝の緊張感生まれる。後に夕方の終礼も始める

17・5　上杉まつりに米沢ゆかりの歴史上の人物が登場する「米沢時代行列」創設。後に「なせばなる秋まつり」に移る

17・5　市民農園を2か所開園。後に1か所増やす

17・5　学生に歓迎の気持ちを表すべく山大工学部・米沢女子短大の新入生を対象とした「米沢のよさを知るバスツアー」を開催。毎年実施

17・7　オフィス・アルカディア企業誘致のため首都圏へのトップセールス開始。1期目の誘致企業数オフィス・アルカディア5社、八幡原工業団地2社、ニッセキハウス跡地1社

17・7　市職員対象の「市長研修」を開始（後に市長ミーティングに改称）。初めは課ごとに対話、次に年齢別15人程度ずつ実施

17・7　中学生親善交流訪問団を姉妹都市の東海市に派遣開始

17・9　個人が輝けるまちを目指し、市民栄誉賞を新設。第1号は故皆川睦雄氏（南海ホークス投手名球会会員）。後に市営野球場の愛称を「上杉スタジアム」から「皆川球場」に変更

17・10　「上杉鷹山記念・全国まちづくりシンポジウム」を始める。初回講師は中田宏横浜市長

17・12　平和都市宣言事業を外部丸投げでない職員の手作りに。市の企画によるNCV番組「戦争体験者をたずねて」が全国放送（NHKBS）で紹介される

18・2　おしょうしな観光大使の制度を始める

18・3　市勢要覧（市の概要説明パンフレット）の業者丸投げをやめ、職員で手作り。1冊1，249

円かかっていたのが294円に
18・4 オフィス・アルカディアに立地する企業への助成金制度を創設し、誘致を促進
18・4 喜多方市との間で互いの職員が2年間出向し合い、自治体間連携を図る人事を開始
18・4 米沢市・会津若松市・喜多方市などによる観光ネットワーク委員会を立ち上げる
18・5 広報よねざわ・公式ホームページ・市民バスに有料広告を掲載。その後、市民課窓口の封筒にも
18・5 「ふれあい動物園」を、ワクワクランドに開園
18・5 認可外保育園を援助する認証保育所制度をつくる。第1号はみどり保育園
18・5 小学生の下校時、回転灯つき市有車による「学校安全パトロール」がスタート
18・5 農作業体験事業「米沢元気村」への予算新設。農業委員会が南米沢駅前で開始
18・5 小野川で「田んぼアート」を開始。初年は小野小町の絵柄
18・6 伝統産業である米沢織のクールビズ・シャツを提案。職員が着用を始める
18・6 綱木獅子踊りの記録を制作。伝統文化を後世に残そうとする同地区民および出身者の活動を支援
18・7 「市長への手紙」を広報に折り込み、99通届く。寄せられた市民の声に対応。以後毎年実施。
18・8 市民満足度調査を実施。対象4,000人中回答1,229人(30・73%)
18・8 山大工学部・米沢女子短大の先生による市民対象の「米沢まちなかカレッジ」を開催。12月まで5回
18・9 米沢鷹山大学まちづくり人材養成講座第1回目開催。12月に「まちづくり提案」を発表し、市長に提言。以後毎年実施
18・9 政策について市民の意見を求める「米沢市パブリック・コメント制度」を開始

18・11　市職員による1人暮らし高齢者訪問実施

19・1　いわゆる「天下り」に対し、米沢市職員の「再就職に関する申し合わせ」を制定

19・1　屋内スケートボード場「アクションパーク米沢」への支援

19・2　第30回雪灯篭まつり開催にあたり、「火種3万プロジェクト」を市・観光物産協会・商工会議所などが中心となり展開。市民の圧倒的参加により、暖冬にもかかわらずまつりは大成功

19・2　1課1改善運動の取り組み発表会「市役所の底力発表2007」を開催。以後毎年実施

19・2　関根小の耐震補強方法を、3階建てを2階建てにする工法に決定

19・3　「座の文化伝承館」の蔵を改修し、市民の芸術活動などを発表・展示するギャラリーとしてオープン

19・3　塩井町の市営住宅建設にPFI（民間資金活用）方式を採用

19・4　米沢市漕艇協会の要請を受け、国・県と交渉し水窪ダムに漕艇（ボート競技）練習場設置

19・4　長い間要望されていた米沢市営陸上競技場を全天候型に改修着工。9月30日の市民総体から使用開始

19・6　税金滞納による差し押さえ物件のインターネット公売開始

19・6　米沢市市民公益活動支援補助金制度の創設。地域の課題や市全体の課題に取り組む市民活動団体に対して支援する。最大20万円まで

19・9　おしょうしな観光大使五大路子さんの一人芝居「横浜ローザ」公演。戦争が奪う庶民の幸せについて訴えかける作品

19・10　上杉鷹山時代の無人販売・棒杭（ぼっくい）市の再現。米沢の美風を再認識し、モラルの低下する日本社会に警鐘を鳴らす

19・11 「秋山庄太郎記念　米沢市写真文化賞」を創設
19・11 中学生議会の開催。沖縄市・上原清善氏からの寄付金100万円で、中学生の手による平和事業の内容を決める。その一つとして、翌年平和の歌「光」が完成。作詞は五中吹奏楽クラブ
20・4 妊婦健康診査の助成を2回から5回に増やす
20・4 六中と南原中で中学校給食開始。六中は塩井小、南原中は南原小から運ぶ親子方式。平成23年4月の七中実施で全中学校完了
20・4 乳幼児医療費の負担軽減制度スタート
20・9 米国のリーマンショックに端を発した100年に1度の大不況にすばやく対応。緊急経済対策を次々に打ち出す。住宅リフォーム補助は3回実施し、経済効果10億8，000万円
20・11 「休日急病診療所」を「平日夜間・休日診療所」とし、平日の夜間も診療を始める
21・1 全国に米沢ファンを増やす「ふるさとカミングデー」（第1回・冬編）の実施。都会からも含め78人参加。雪菜掘り・滑り下駄体験や市長の史跡案内など。翌年から「ぶらり米沢里帰り」に改称。年々参加者増加
21・1 「天地人博」オープン。22年1月までに51万人が入場。放送終了までの市内経済効果は71億4000万円
21・4 経済不況に対応し、私立高校生への助成開始。21年度192万円・22年度248万円・23年度260万円
21・4 花と樹木におおわれたまちづくり（30年計画）スタート
21・8 東京・戸越銀座商店街の空き店舗を借りて「よねざわ　おしょうしなショップ」（アンテナショッ

プ）を2日間開催。翌22年には同商店街で11月の1ヵ月間開催。東京・立川駅前では通年開催

21・9　市制120周年記念式典・アツキヨコンサートを伝国の杜で挙行

21・9　市制120周年を記念して「よねざわ上杉戦国絵巻　夜の陣」（夜の川中島合戦）を松川河川敷で開催、2万5，000人の人出

21・10　峠ウォーキングや観光スポットとしての活用を目指し、綱木から桧原湖に向かう旧会津街道を復元

21・10　市民憲章運動推進第44回全国大会米沢大会が開催される

21・11　セカンドホーム事業がスタートする

22・3　中心市街地活性化事業が国の認可を受ける。街なか図書館・市民ギャラリー、人工芝のサッカー場、中部コミセン、西条天満公園、東寺町の景観整備などの事業に国から4割の補助が出るもの

22・4　塩井小学校の校舎の一部を改修して塩井地区の放課後児童クラブ（塩井さくらんぼクラブ）がスタート

22・4　市立東部ひかり保育園に代わる私立そらいろ保育園開園。園児数106人（内、東部ひかり保育園からの移籍51人）

22・4　高畠の千代田クリーンセンター隣に、余熱利用施設（温水プール・トレーニングジム・パークゴルフ場）完成。置賜広域行政事務組合理事長として、クリーンセンター建設時の地元との約束を果たす

22・5　市制120周年・山大工学部100周年を記念し、市民ミュージカル「Ｆａｉｔｈ（フェイス）～未来をつむぐ実験室」を初演

22・7　文化庁の補助を得て、伊達氏居城の可能性もある館山城跡保存整備事業に着手
22・8　平和都市宣言事業として中学生3人を広島の平和記念式典に派遣。23年は長崎、24年は沖縄（8人に拡大）。以後毎年実施
22・8　東寺町に「寺町を活かしたまちづくり協議会」を設立。城下町らしい景観づくりを目指す
22・11　「米沢まちづくりプラン大賞」実施。米沢信用金庫と共催で、市民が企画した優秀プランにまちづくり事業費を助成。この年の最優秀賞は「米沢クチコミ観光案内所の設立」で50万円助成
22・11　発達障がい児への早期育児支援を目的に、5歳児発達相談事業を始める
22・12　米沢牛のブランドをさらに確立すべく、片子の米沢食肉公社に市費で、と畜解体、食肉加工の新施設完成
23・2　子どもに対しての子宮頸がん予防ワクチン・ヒブワクチン・小児用肺炎球菌ワクチンの全額公費負担による接種開始
23・3　要望していた東北中央自動車道の追加インターチェンジ（川井地区）建設準備費が県の新年度予算に載る
23・3　市内でまだコミュニティセンターのなかった松川・中部両地区のうち、松川にコミセン完成
23・3　東日本大震災発生に際し、いち早く避難者救援に当たる。市営体育館などを避難所に当て、最多で約600名の避難者受け入れ
23・4　東日本大震災による市の緊急経済対策として、市内の中小企業を対象とした経営安定資金制度（1件500万円の貸付）を新設
23・4　東日本大震災による市内商店街支援として、15％プレミアムの「愛の商品券」事業助成。

温泉誘客促進事業にも補助

23・5　独身者婚活支援の組織「出会いの機会づくり応援委員会」を立ち上げる。秋には置賜広域行政事務組合事業として、置賜3市5町での婚活支援事業を開始

23・6　万世コミュニティセンター内に避難者支援センター「おいで」を設置。福島県の情報提供や、避難者同士・避難者と米沢市民の交流を図る。「おいで」は後に金池の文化センター内に移転

23・7　世の中にないものを生み出してきた米沢の産業界について、子どもたちに知ってもらうべく「米沢の夜明け」を発行。人造絹糸・ノート型パソコン・有機EL照明の3話で構成。市内の小5〜中3全員に配布

23・8　地域内公共交通維持を目的とし、プレミアム付き「愛のタクシー券」事業へ助成。

23・9　東京の地域ブランド総合研究所が毎年発表している全国の市町村魅力度ランキングで、米沢市が39位に入る。東北では仙台市（18位）、弘前市（36位）に次ぐ

23・10　米沢市国際交流協会が賑わいづくりの一環として市役所から平和通りに移転。気軽に誰でも立ち寄れる場に

23・10　市内を網の目状に区切り、816ヵ所で放射線量を測って発表

23・12　米沢駅から米沢女子短大・市立病院などを回る、南回り循環市民バス新設

24・1　旧東部ひかり保育園の園舎を活用して、避難者家族のための興道南部保育園分園「光」を開設。27年3月まで続く

24・2　東京・神田の料理店「全国うまいもの交流サロン　なみへい」で1ヵ月間、米沢の食材（雪菜・豆もやし・米沢牛・鯉など）を用いた創作料理フェアを開催。27年まで毎年実施

24・2 雪灯篭まつりに合わせて、沖縄市長による平和講演会を開催。以後28年まで各地の市長・村長による講演が続く

24・4 米沢・南陽・高畠・川西の2市2町による広域消防がスタート

24・4 「輝くわがまち創造事業」が始まる。市内全地区において、地域の資源・特性を活かし住民自らが地域づくりをおこなう

24・4 「若者起業支援事業費補助金制度」を創設。40歳未満の若者が米沢で起業する場合、事業資金を援助

24・5 東日本大震災の被災地の子どもたちを勇気づけるために、劇団四季が被災各地で公演しているミュージカル「ユタとふしぎな仲間たち」が、同劇団の好意により万世小でも上演される

24・6 中部地区にコミセンが完成。市内全地区にコミセンをとの住民要望に応えたもの

24・9 米沢の精神文化を讃える「なせばなる秋まつり」を創設

24・10 悪臭問題の原因である堆肥製造工場が製造停止。養豚場は25年2月に飼育頭数をほぼ半減、移転を検討

24・10 「寺町サミット in 米沢」が開催され、全国8市の住民がまちづくりについて研鑽し合う

24・10 仙台市職員による「伊達政宗ツアー」を実施。政宗が米沢生まれであることを仙台市民に知ってもらうには、まず職員からとの趣旨。翌年も実施

24・10 「嚶鳴フォーラム in 米沢」を開催。細井平洲にちなみ全国13市町がふるさとの先人に学んだまちづくりを考え合うもの

24・11 総合公園内に人工芝サッカーフィールド完成

25・2　国の補助を受け、山大工学部の有機エレクトロニクス・イノベーションセンターがオフィス・アルカディアに完成。市は用地と建設費を支援。この後も蓄電デバイス研究開発センター、スマート未来ハウスなどが立地し、オフィス・アルカディア西側がサイエンスパークとして整備される流れとなる

25・4　待機児童解消のため、民間保育所が定員1人を増やすごとに1万円補助する制度を創設。期間は4年間、定員90人増を目指す

25・5　南原・関地区で県外中学校からの体験学習（教育旅行）受け入れが始まる。農林課が地区と相談してきたもので、千葉・宮城の中学生が農家に宿泊し、仕事を手伝う

25・6　秘書広報課職員による、東海市中学校修学旅行の生徒向け歓迎コント上演始まる

25・10　関根・羽黒神社でのライトアップコンサート始まる

25・12　愛知県西尾市と友好都市締結。上杉・吉良両家の三重の縁によるもの

25・12　各地区コミセンに「除雪モニター」を依頼。地区の雪の状況を市に伝える制度で、「ていねい除雪」のさらなるレベルアップを図る

26・2　キャロライン・ケネディ大使を米沢に招くためのキャンペーンとして「鷹山サミット」を開催。続いて5月に「謙信・景勝サミット」、8月に「イザベラ・バードサミット」を開催

26・3　病気の子どもを看護師と保育士が世話する病児保育室を市内2保育園に開設

26・4　県立米沢栄養大学が開校。市は建設費13億円のうち6億円を負担。管理栄養士を養成し健康長寿社会を推進。地域の伝統野菜や郷土料理などの食文化も研究

26・7　3回目の「全国田んぼアートサミット」を米沢で開催

26・8　「輝くわがまち創造事業」を活用して、関地区に「支倉常長生誕之地歴史資料館」オープン。建物は使用されなくなった関小プールの脱衣所を再利用

26・9　オフィス・アルカディアへ、埼玉県に本社のある特殊配電盤メーカー「日栄電機」の立地決定

26・9　キャロライン・ケネディ大使が「なせばなる秋まつり」に来訪

26・9　帝人社員・家族による「米沢体験・里がえりツアー」を始める。米沢への帝人誘致運動の一環。以後毎年実施

26・11　市民の足を確保するため、山上地区で「乗り合いタクシー」を実施。特に高齢者から喜ばれる。田沢地区での導入も検討

26・11　地元商店街による飲食店めぐりイベント「バル」が始まる。バルはスペイン語で居酒屋の意味「1店逸品運動」や「街なかゼミナール」などと共に市が事業費の補助をする

26・12　米沢市の新・道の駅が国交省の「重点道の駅」（全国で35ヵ所）に選ばれる。交付式で市長が国交大臣から直接認定証を受け取る

26・12　西尾市との友好都市締結1周年を記念して伝国の杜で「吉良サミット」開催。翌年は西尾市で2回目のサミットが開かれる

27・1　米沢市のふるさと納税（ふるさと応援寄附金）方針転換。返礼品の種類を大幅に増やし、単価も引き上げる

27・2　米沢の伝統野菜や寒中野菜を使って、市内の若手料理人が新メニューに挑戦する「米沢ベジタブルチャレンジャーズ・フェア」が始まる

27・3　米沢四中の校舎完成。東日本大震災で以前から亀裂のあった校舎が危険となり、改築予定を1

いた

27・4　年早めた。生徒たちは震災後、市営体育館やプレハブ校舎で逆境にもめげず学校生活を送って
子どもの外来受診の無料化について、その対象年齢を段階的に広げ中学3年までに拡大

27・4　米沢ゆかりの篤志家から寄附のあった2億7，000万円のうちの1億円を活用し、児童会館のプラネタリウムを改修。番組も機械も古く、子どもたちや議会から要望が出ており面目を一新

27・4　「天地人」後、NHKへの継続的な要望活動が実を結び、「かぶき者慶次」放送開始。4月から6月まで連続11回

27・6　伝国の杜で「起業する米沢の若者パネルディスカッション」が開かれる

27・6　おしょうしな観光大使五大路子さんが主宰する劇団・横浜夢座の「奇跡の歌姫　渡辺はま子」公演（伝国の杜）

27・7　自動車の防振ゴム大手・住友理工が米沢に本社を置く住理工山形を創設し、八幡原工業団地で翌年から創業することを発表

27・10　河川敷のコースを走るのが主だった「おしょうしなハーフマラソン大会」のコースを街なかに変更し、名所旧跡を通る「米澤上杉城下町マラソン」が実施される

27・11　都会の大きな会社に勤めるだけでなく、地元で起業する生き方もあることを子どもたちに知ってもらうため、「明日の大樹」と題した本を作り中学生全員に配る

27・12　木質バイオマス発電を手がけている東京のグリーンサーマルが南原地区の米沢南工業団地に発電所建設を発表。県内の未利用木材を燃料にする

27・12　国立米沢病院の重度心身障がい児（者）の本人・家族支援施設「いこいの家」が完成

安部三十郎（あべ・さんじゅうろう）

昭和28年（1953）、米沢市川井に農家の長男として生まれる。上郷小、上郷中、米沢興譲館高校、早稲田大学法学部卒。地元企業勤務の後、米沢市長選出馬。落選後、福島大学大学院（地域政策科学研究科）に入学。専門学校講師、行政書士を経て3度目の選挙で当選。50歳から62歳までの間、3期12年、市長を務める。

数え年42歳でおこなう地元の風習「歳直し」を機に、戸籍名を善明から、家の名である三十郎に改める。

鷹山政治の継承

2018年5月22日　初版発行

著者　　安部三十郎
発行　　㈱山中企画
　　　　〒114-0024　東京都北区西ヶ原3-41-11
　　　　TEL03-6903-6381　FAX03-6903-6382
発売元　㈱星雲社
　　　　〒112-0005　東京都文京区水道1-3-30
　　　　TEL03-3868-3275　FAX03-3868-6588
印刷所　モリモト印刷

＊定価はカバーに表示してあります。
ISBN978-434-24619-7　C0031